コミュニティで支える“心の育ち”

being《存在》を大切にするということ

田中 哲

装画・本文イラスト＝西本めぐみ
（消しゴムはんこ）

序章　「村」で育てる子どもたち

「コミュニティ（共同体）」とは

コミュニティとは、「何か大切なものを共有している人たち」という意味です。住んでいる地域、学校、会社、家庭……さまざまなコミュニティが、人間にとっていったいどのような意味があるのか、なぜ人はコミュニティを大事にしてきたのか、特に、子どもたちが育つ場所としてのコミュニティとは、いったいどのようなものなのか、このことは私の大きな関心のひとつでもあります。

私は大学生のとき、当時通っていたキリスト教会で「日曜学校」の先生をやっていました。「日曜学校」とは、日曜日に教会で行われる子ども向けのプログラムのことです。そこで子どもたちと接するなかで、学校とも、塾とも、学童クラブとも違った形で子どもたちが集まり、何かを共に大事にしていく生き方があることに気づきました。そこには、ほかではないような子どもたちの〝輝き〟がありました。その体験が、現在に至るまで私が子どもたちに関わる原点になっています。

「一人の子どもを育てるには、村が丸ごと必要である」というアフリカのことわざがあるそうです。〝アフリカの〟と特定されるその村のイメージは、サバンナの真ん中にある、人々が肩を寄せ合うようにして生きている村です。そういう村にとって、子どもたちはどのような存在でしょうか。ある家に子どもが生まれれば「よその家の子」ではなく、その村全体にとっての子どもであり、村人全員で子どもを育てるのが当然なことだと思うのです。

海外青年協力隊でアフリカに行った友だちに、実際のところアフリカの子育てはどうなのかと聞いたら、やはり村全体で子どもを育てるのだそうです。「そのあたりの感覚が日本と違うのよ」と、その友だちは言っていました。

よその家の子どもを平気で面倒見る、それを当たり前としている文化が今でもあることを知り、そのような中で育った子どもたちは、周りの人を見る目や、いろいろなものの見つけ方、育ち方自体が違うのだろうと思いました。

現代の子どもたちを取り巻く環境

私は児童精神科医として四十年近く仕事をしてきて、子どもたちのさまざまな問題に触れてきました。それは不登校であったり、発達障害であったり、いじめであったり、非行であったりするわけです。

子どもの数は減り、こうした問題に対する対策がさまざまに行われ、制度や支援策も充実してきたにもかかわらず、不思議とこうした問題は減りません。だから、「どうしてだろう?」と思うわけです。私たち児童精神科医も、子どもたちを治すお手伝いだけではなくて、何とかしてそういった問題が起こらないようにと一生懸命やっていますが、その努力のすべてをあざ笑うかのように、子どもたちに関する問題は増え続けているのです。

私たち児童精神科医と同様に、子どもたちを対象にする仕事に小児科の医師がいます。この小児科の先生たちの仕事は、今少しずつ減ってきています。なぜなら、子どもの数は減り、さまざまな病気の解明が進み、ワクチンの予防策などが発達したおかげで、子どもたちの病気が減ってきているからです。ここ数年は、新型コロナウイルス感染症やその他の病気で大変でしたが、それ以前までは、小児科は暇になってきたと言われていました。

私たち児童精神科医はその逆です。医師の人数そのものが少ないということもありますが、楽になるどころか、どんどん仕事が増える一方です。それはなぜか、といろいろ考えたのですが、その理由のひとつが、この「子どもは村全体で育てる」という常識が通用しなくなってきたことだと思っています。自分たちを見ても、よその家の子どもを自分の子どものように叱れるかと言われてもできないですし、隣の家が親の帰りが遅くなっているようだから「うちでご飯食べていけば」と言えるかというと言えないのです。

おそらく、そういうことは「村」という単位で子どもたちのことを考えていた時代には、できていたはずのことです。それが当たり前の時代があり、その「当たり前」が、日本の〝子どもを育てる文化〟の中で生きていました。しかし、その「当たり前」だったことが、だんだんとそうではなくなりつつある現実があります。

それは、子育てに関してみんなが無関心になったというだけでなく、みんなが一緒にコミュニティとして生きる、つまり多様な価値を共有しながら生きることが、現実の生活においてだんだん少なくなってきているからです。インターネットが急速に普及したことによって互いに顔を合わせる生活が希薄になり、人との直接的な触れ合いを介さなくても生きていけるようになりました。その反面、ネットによって世界的な広がりの中で人とつながることが可能になってきています。

たとえば、これまでは実際に会場に足を運んで講演会に行ったり、コンサートに参加したりしていたのが、オンライン配信によって日本全国、また世界中の人々が同時に参加できるようになりました。そのことは、このグローバル化した世界の便利なところでもあり、一度オンライン化が進んだところは、おそらく元に戻ることはないと思います。しかし、そういうなかで人との直接的なつながりの大事さそのものが失われているかというと、じつはそうではないと私は思っています。

私もいろいろな場所に呼ばれて講演をする機会が少しずつ増えてきましたが、コロナ禍の時には自宅でパソコンを前にして話すことも多く、時には画面の向こうに二、三百人の方が聞いていることもありました。でも、たとえ二、三百人を相手にパソコン越しに話していたとしても、目の前にいる三十人に話すのとは、話し手としての手応えがまったく違うのです。それは人が直接つながり合えるという関係性のなせる技だろうと思うのです。

私たち大人でもそうなのです。ましてや感受性の高い子どもたちが、どれだけ人と人との間で直接触れ合いながら生活をしていけるのか、直接的な触れ合いを大事にしている人たちの中で成長を育むことができるのかということは、意味が小さいはずがないのです。

ただ、成長過程において人との直接的な触れ合いの大切さは、はっきり言われることがあまり多くないように思えます。そして、言われていないせいで、そのことがあまり大事にされていない気がするのです。その結果が、少し唐突のように思えるかもしれませんが、先ほどの児童精神科医の仕事である、子どもたちの心の問題が全然減らないことに結びついているにちがいないと、私は思っています。

子どもたちの心のさまざまな問題は、本来、昔からあったものです。それは人と人が直接育て、あるいは支え合うことの中でどうにか解消され、修復され、問題にならずにすんできたものが、今あらためて問題になってきているのだと感じています。

そういうことから私は、「共同体《コミュニティ》（村）の中で子どもはどのように育つのか」、そして「子どもを育てるために、私たちコミュニティの人間（村人）は何ができるのか」ということを、繰り返し考えてきました。

そのことを、本書を通してみなさんといっしょに考えていければと思います。

目　次◉コミュニティで支える〝心の育ち〟

一章　「心の発達」とは何か

「発達」＝育っていくこと？

発達は「子どもたちが育っていくこと」と、当たり前のように思われるかもしれません。もちろん、そのとおりなのですが、発達（育ち）には、じつはさまざまな側面があると考えていいと思います。

たとえば、子どもの身長が伸び、体重も増えて身体つきが立派になった、思春期を迎えた――これは身体の発達です。身体が大きくなるだけでなく、年齢とともに

言葉が身につき、計算ができるようになり、漢字も覚えられるようになるという知恵の部分の発達があります。「身体の育ち」と「知恵の育ち」――私たちは、主にこの二つを「発達」と考えています。

私たち大人はこの社会の役割として、この発達を子どもに保障してあげるために学校に行かせるわけです。そして「教育」は、この二つの発達を軸になされています。

けれども、私はこの二つに加えて、育ちには「心の育ち」という側面があるにちがいないと思っています。知り合いや親戚の子どもと何年ぶりかで会うと、身体や知恵づきの問題だけでなく、「ずいぶん大人になったな」と感じる、それが「心の育ち」に当たる部分です。そして、この「心の育ち」を、私たちがきちんと見ていないという問題があります。では、「心の育ち」と「知恵の育ち」と「身体の育ち」は、いったいどこが違うのでしょうか。

まず、測ることができるか・できないかの違いがあります。たとえば、身体と知恵の育ちは、体力や学力という形で測ることができます。もしそれをグラフにすれば、小さい時から少しずつ伸びてきて、思春期で大幅に伸びて、二十歳前ぐらいに頭打ちになるようなカーブを描きます。だから、人間がどんなに成長すると言っても、三、四十歳になってから身長が伸びたり、知恵がついたりすることはありません。それに比べると、「心の育ち」は少し様子が異なります。

「心の育ち」は、いつから始まるのでしょうか。

おそらく、産まれた瞬間から始まります。それでは、いつ成長が止まるのか。これはおそらく、止まらないのだと思います。私たち大人であっても、今も心が育ち続けている存在なのです。

ただし、途中で一つの大きな節目があります。それは、人が自立をしていく二十歳前後の時期にあたります。独り立ちをする——自分で物事を決められるようになっていく。その人の生涯全体を見渡した時に、これはとても大きな節目だと思うのです。

もちろん自立をするためには体力もいるし、知恵も必要なのですが、体力と知恵があれば自立ができるかというと、それは違います。その人の心そのものが大人になっていないかぎり、「自立」することは難しいのです。

この「自立」は、拙著『〝育つ〟こと 〝育てる〟こと』（いのちのことば社、二〇一六年）のテーマでした。その本の中で扱っていたのは、「自立」とは何かということです。そこで大きく関わってくるのが、「心の育ち（発達）」です。自己決定ができ、自分をうまく制御することができて、なおかつ「自分」という存在を大事にすることができると自立ができる。そういうものとして、「心の発達」を捉えたわけです。

心の育ち

では、「心の育ち」とは何を指すのでしょうか。

先ほど触れたように心の成長過程における一つの大きな節目、いわゆる中間地点の大事なポイントが「自立」だということになります。そして自立した後も、人との関係はずっと続いていき、その中で育まれていくものが「心の育ち」なのだと考えるとき、「心の育ち」とは「人との関わり方の発達」なのだと言えるように思います。

人間の特徴は、この世界に生まれた瞬間から人の間で生きることを始めるところにあります。他の動物では考えられないくらい幼い段階、自分で何もできない段階から人の間を生きることを学びはじめます。つまり、心の発達もその時点で始まっているのです。

自分のことをまるで知らない人の間でも上手に立ち振る舞うことができるようになってはじめて、その人は「自立した」と言うことができます。ただし、自立した後もその人の心は豊かになり続け、成長し続けていきます。人は一生涯、心を豊かに成長させ続けていくのです。そして心がそれ以上成長できなくなった時に、その人の命は実質的には続いていても、心の生活は終わりを迎えます。つまり、その人の人との関わりの歴史が、じつはその人の成長そのものになると言えるのです。

「心の育ち」は人との関わりの発達だということは、言い方を変えると、「社会的な存在としての人の発達」ということになります。たとえば、人が社会的な存在でなかったらどうなるでしょうか。絶海の孤島で母親と二人きりとか、狼に育てられるなど、人の社会を経験しないで育つという場合、社会的な存在としての人の発達ということは考えられません。心が成長し、より豊かさを増していくことができるのは、あくまでも人の間で生きて育み合うという前提があるからです。
この発達について、私が敬愛してやまない滝川一廣《かずひろ》という児童精神科医が、ある本の中でこのように定義しています。

「そだち（発達）とは、養育者との間でさまざまな体験が分かち合われていくことを通して、子どもが人間の持つ共同世界（社会）をともに生きられるようになる歩みである。」

（『子どものそだちとその臨床』日本評論社、二〇一三年、傍点筆者）

これは明らかに「心の育ち」のことを言っています。そして、「共同世界（社会）をともに生きられるようになる」、これが〝社会的な存在になっていく〟ということです。社会の中で、知らない人の間でも自分を主張し、自分の居場所を作ることができるようになる——まずはそこを目指して、私たちは子どもを育てるわけです。

子どもを育てるのに人手や他の人の存在が必要なのは、その時点までです。そこから先は、子どもたちが一人の人として自分の人生を始めていきます。それが、先述した「自立」という節目です。なぜ節目が大事かというと、そこからその育った子どもたちが、今度は「人を育てる存在」になっていくからです。

滝川先生がおそらく言いたいことは、「育ちというのは何もできない子どもが、私たちの仲間に入れるようになって、今度は人を育てる人にまでなっていく。そのために必要なのは、養育者との間でさまざまな体験が分かち合われていくこと」なのだということでしょう。

この「養育者」とは直接的には親ですが、親だけではなく子どもの育ちを支えるすべて人たちのことだと考えてもよいでしょう。それが、本書の序章で触れた「村人たち」なのだということになります。

親だけではなく、直接子どもと触れ合う「村人」といろいろなことを共有する、一緒に経験する——それは、単なる「共有する」ではなく、その場にいる生身の人間が一緒に経験するのです。

「これ楽しいね」と喜び、「これ欲しかったね」と共感し、「どうしよう?」と迷い、「あれ怖かったね」などという感情すべてを共有することが、いろいろな体験を分かち合うということです。それをすることで子どもたちは成長し、自立できるようになり、その後に、今度は自分が育てる側になることができるのです。「心の育ち」とは、そのような営みのことです。

この「心の育ち」に大きな役割を担うのが共同体《コミュニティ》(村)です。村全体でこの子どもをどうやって育てていくかは、子どもの心の育ちに関係ないはずがありません。それでは、この「自立」までの心の発達は何によって可能になっているのでしょうか?

子どもの心の特徴は、日々どころか時々刻々変化していくことです。大人は子どもの心の変化に翻弄されてしまいますが、じつはこの変化を続けることに、子どもの心の在りようと成長の秘密が隠されています。

変化を続ける姿のうちのどれが実態なのかではなくて、変化を続けること全体のうちに子どもの本態があるのです。

そこで、絶えず動き続ける心を前提にした「心の発達」というものを、次の章から考えてみたいと思います。

子どもたちを「気にかける」

幼稚園や保育園で「気になる」子どもたちが増えていると言われています。先生たちが「この子、学校に上がってうまくやっていけるかしら」と心配になる子どもたちという意味です。

ほんとうに増えているのかどうかについては議論がやみません。ある人は「気にしすぎ」だと言います。たしかに、「気にされる」とよけい「気に障《さわ》る」行動をしてしまう子どもたちがいて、はみ出し行動はどんどんエスカレートし、ついには大人たちが「気が気でない」状態になってしまいます。

ただ、子どもたちにとって「気にかけられない」状態も望ましくはなく、そのように感じると子どもたちは「気を引く」行動をしはじめます。

Column

つまり、子どもたちにとっては、大人が自分にどう関心を払ってくれているかが、大きな関心事であるのです。

思えば私が子どものころ、日曜日にも仕事をしていた私の両親は子どもたちに関わる余裕がなく、教会学校に通うことを勧めました。当時からなかなか枠にはまれない子どもだったと思うですが、教会はそのような私をつねに「気にかけて」くれるところでした。受験勉強で離れたりもしましたが、それが終われば古巣に帰るようにまた教会に戻り、ついには今の私がいます。

今の子どもたちは、どのくらい自分たちを「気にかけて」くれる大人に恵まれているでしょうか。

困った存在として「気にされる」ことが次第に増え、その分楽しみな存在として「気にかけられる」ことが少なくなった気がして、大人の一人として反省しているところです。

二章　「自立」までの心を育てる

子どもが見せる「能動性」と「受動性」

変化を続ける子どもの心を感覚的に捉える助けとして、振り子をイメージしてみてください（次ページ図参照）。その振り子の上には子どもが乗っていて、右に左にと揺れている状態です。この振り子が何の間を揺れているのかというと、振り子の中心点は「年齢相応」の状態、中心点から右側は「背伸び」状態で、左側は「甘えん坊」状態であると考えてみることにします。

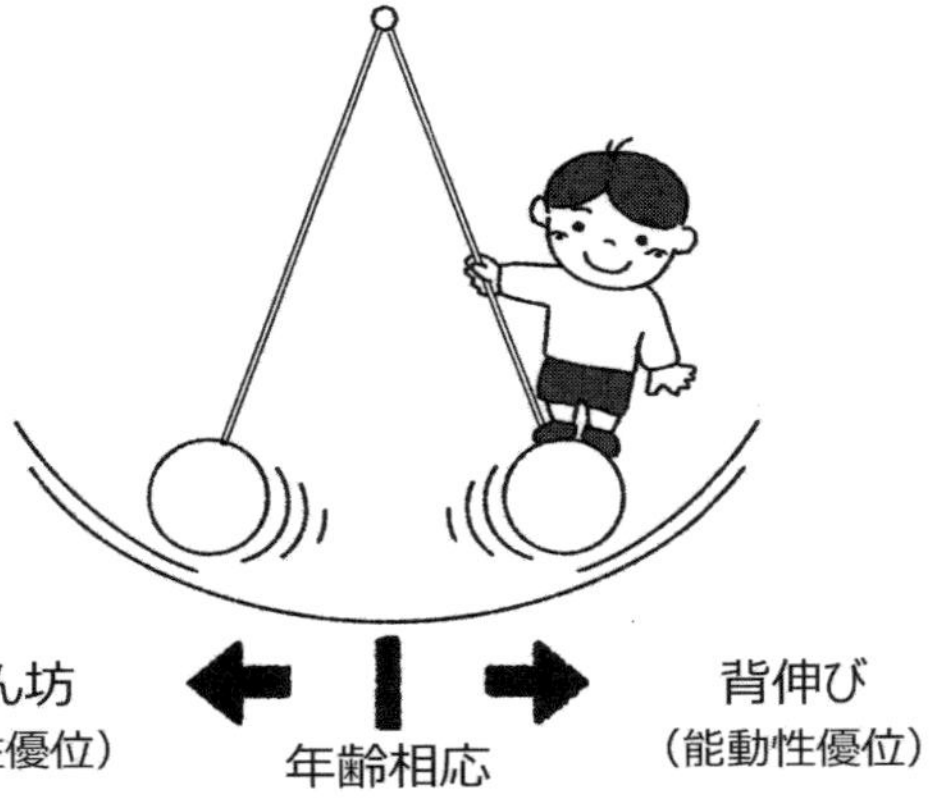

「背伸び」状態とは、自分の年齢相応の状態するために新しいことに取り組んでいこうとする能動的な状態であり、これに対して「甘えん坊」状態とは、何かをしてもらうことに関心の重きが置かれた受動的な状態であることになります。

この二つの状態を、子どもはバランスを取りながら往き来していますので、ちょうど真ん中の、年齢相応の状態は（ここが大人との大きな違いですが）ほんとうに一瞬しかありません。背伸びをするから、できることが急速に増えていくのですが、子どもたちはできるようになったことをいつでもしてくれるとはかぎりません。

ここが重要なところで、振り子が「甘えん坊」方向に揺れた時には、できていたことまでできなくなってしまいます。大人は「ほんとうは、できるはずなのに」と思いますが、子どもにとってはできる状態もできない状態も、揺れている振り子の全体が子どものほんとうなのです。

がんばって背伸びができるのは、振り子の反対側の揺れ、つまり「甘えん坊」の状態があるからだと言うこともできるでしょう。「背伸び」の一方向にだけ揺れる振り子というのはあり得ません。

また、背伸びには失敗が付き物ですが、どんなに手痛い失敗をしても、甘える先があって、そこに泣きつけばきっと何とかなります。失敗して手も足も出ない状態は、何もできない赤ちゃんの状態ととても近いところにあります。つまり、安心して甘えられるということは、たとえ失敗しても大丈夫という気持ちに支えられているのです。

〈ウチ・モード〉と〈ヨソ・モード〉

もうひとつ、この振り子と関連した、重要な現象があります。それは〈ウチ〉と〈ヨソ〉でのコミュニケーション行動の違いです。

〈ウチ〉では、まだおしゃべり一つできない頃から続いている、親子のコミュニケーションが土台になります。つまり、自分が言いたいことは全部伝わっていて当たり前で、何があっても自分が見離されることはないという感覚がベースにあるのです。今これを「〈ウチ・モード〉のコミュニケーション」と名づけることにします。この〈ウチ・モード〉は、その子がかなり成長して、コミュニケーション能力全体が進化しても、割合そのまま維持されます。安心のためには、変わらないものがあることが大切だからです。

これに対して、人間の子どもは親の元を離れて、だれかに預けられたり、他の子と遊んだりということをよくしますが、そこで使われるのが「〈ヨソ・モード〉のコミュニケーション」です。つまり、〈ヨソ・モード〉は、自分の気持ちや必要は自分で伝えなければ伝わらないという状況を前提にしているのです。

〈ヨソ・モード〉は、保育園とか〝ばあばの家〟とか、安全に体験できる場面の数だけあることになり、子どもは場面を読んで、それを使い分けていかなくてはなりません。でも、もはやそこでは〈ウチ・モード〉が通用しない、ということでは共通しているのです。行動全体のモードが違いますから、ウチとヨソではすることがまるで違うのは、むしろ当然なのです。

一人の子どもが適応していけるヨソの世界は、成長にしたがってだんだんと拡大し、必要とされる〈ヨソ・モード〉も次第に高水準のものになっていきます。幼稚園・保育園と比べて、小学校はハイレベルですが、何がかと言えばこの〈ヨソ・モード〉のコミュニケーション・レベルが高水準になっていくのです。そしてついには、完全なヨソでもコミュニケーションが取れるようになり、自立の一つの条件が達成できるのですが、この過程についてはもう少し後で述べることにします。

先ほどの振り子の図のような、能動・受動の揺らぎを何度となく繰り返すことによって、子どもの中には能動のエネルギーが蓄積され、その力を借りてウチの世界から飛び出そうとします。そのようにしてヨソに繰り出した子どもは、そこで能動のエネルギーを一気に使い切ってしまうことはせず、ヨソの世界でも能動・受動の繰り返しをしながら、エネルギーを使い切ったところで再びウチの世界に戻ってきます。

子どもの生活の四つの場面

このように考えると、子どもの生活には「能動的」×「受動的」と「ウチ・モ

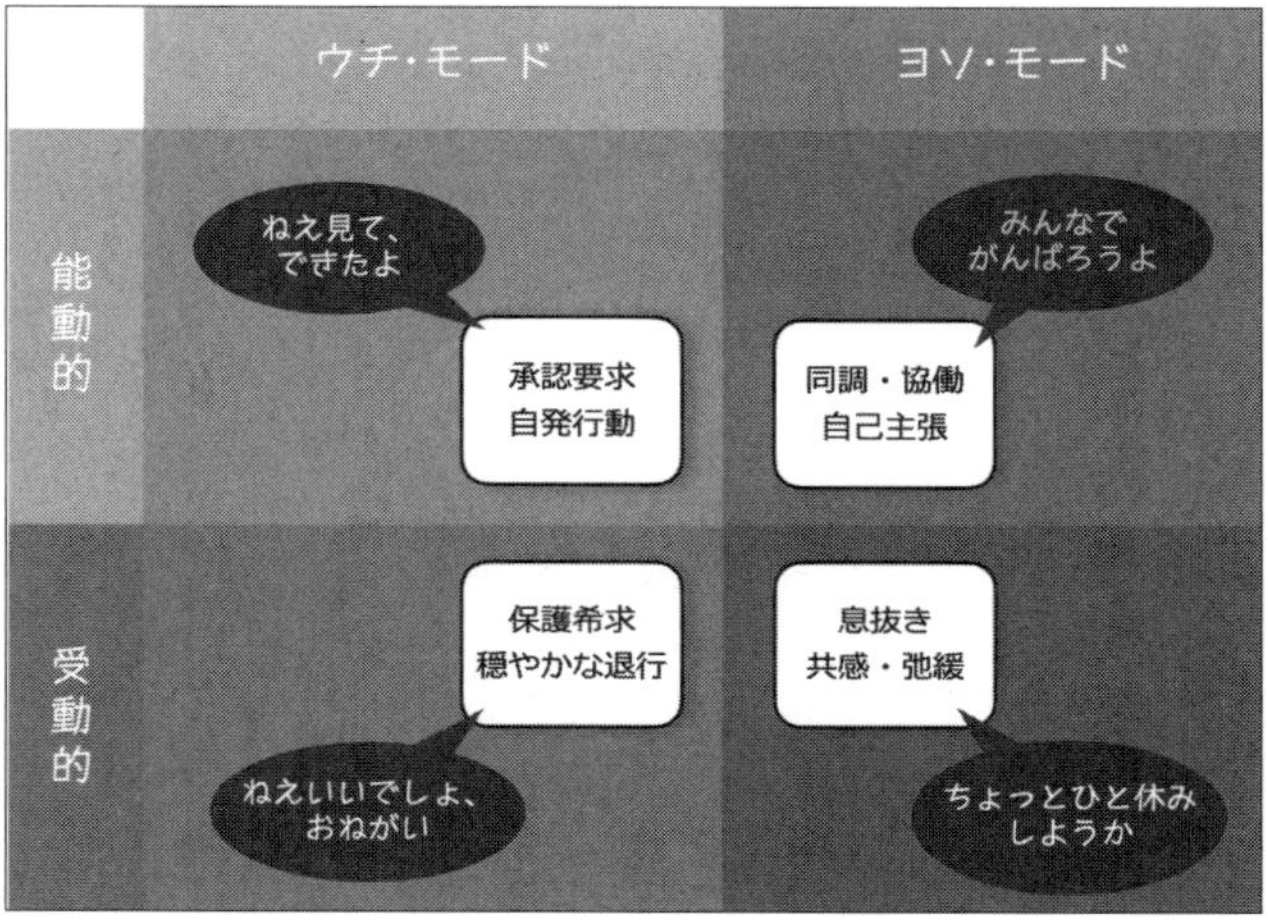

ード」×「ヨソ・モード」で区切られた四つの場面があることになります（前ページ図参照）。

それぞれの場面での子どもの気持ちと、その時の言動は特徴的です。それを順番に見ていくことにしましょう。

◆〈ウチ・モード〉受動・能動

まず、「〈ウチ・モード〉・受動」です。この時の子どもは家庭でなければ見せないような態度で、自分には保護（してもらうこと）や受容（してもらうこと）が必要であることを表現します。

一日いっぱい活動して、おうちに帰って

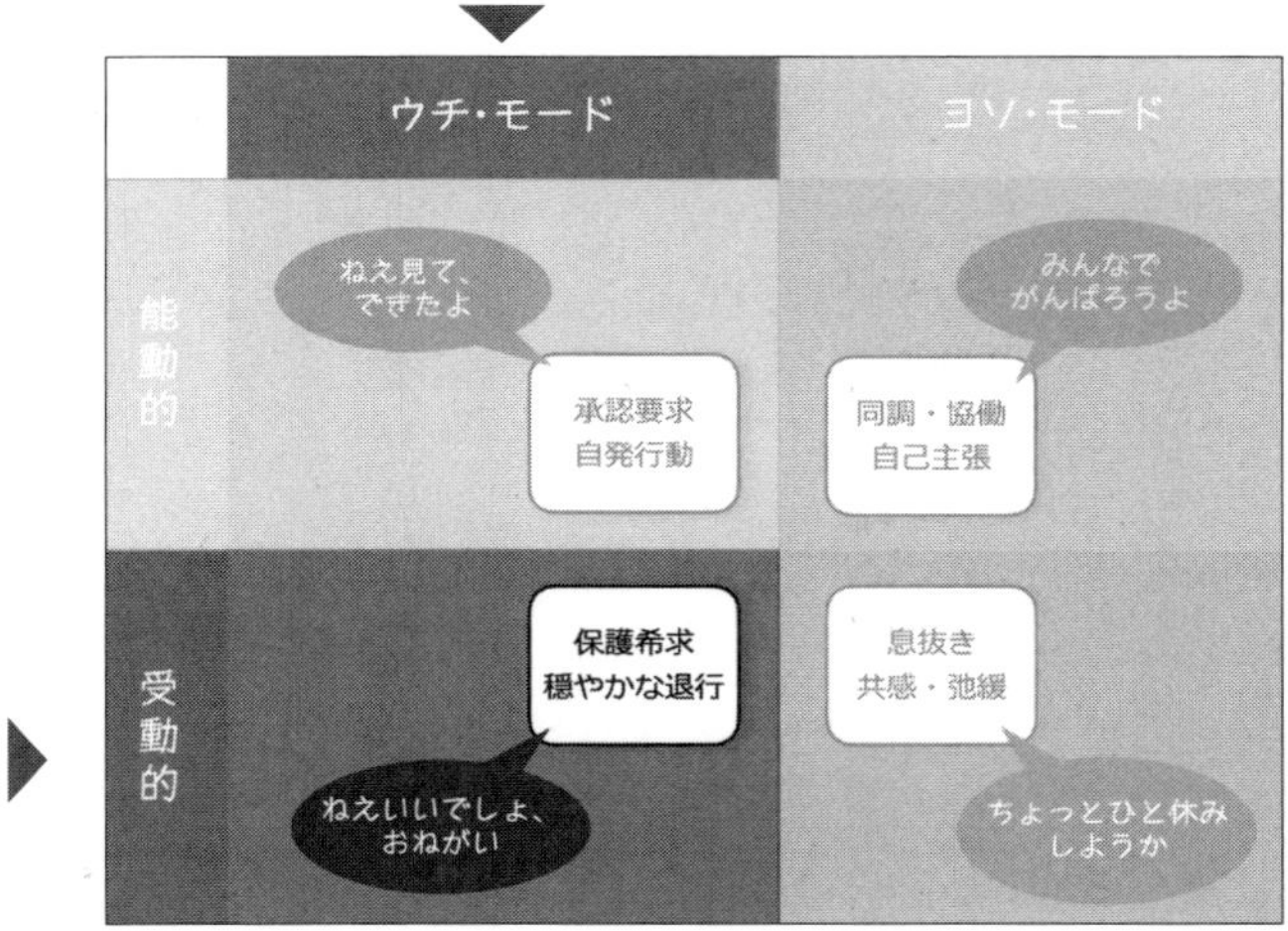

きてほっとしている状態を想像してください。軽く赤ちゃん返りをして、何かをおねだりするかもしれません。身体接触をして、家族（特にお母さん）との気持ちの距離を近づけようとするかもしれません。「してもらう」ことに関心が注がれるという意味で「受動」なのです。

ひとしきりそれが終わると、振り子がすこし能動に振れて「〈ウチ・モード〉・能動」の場面に転じ、何かをして認めてもらおうとしたり（承認要求）、自発的に何かをしようとしたりします。

下にきょうだいがいれば、お兄ちゃん（お姉ちゃん）ぶりを発揮しようとするか

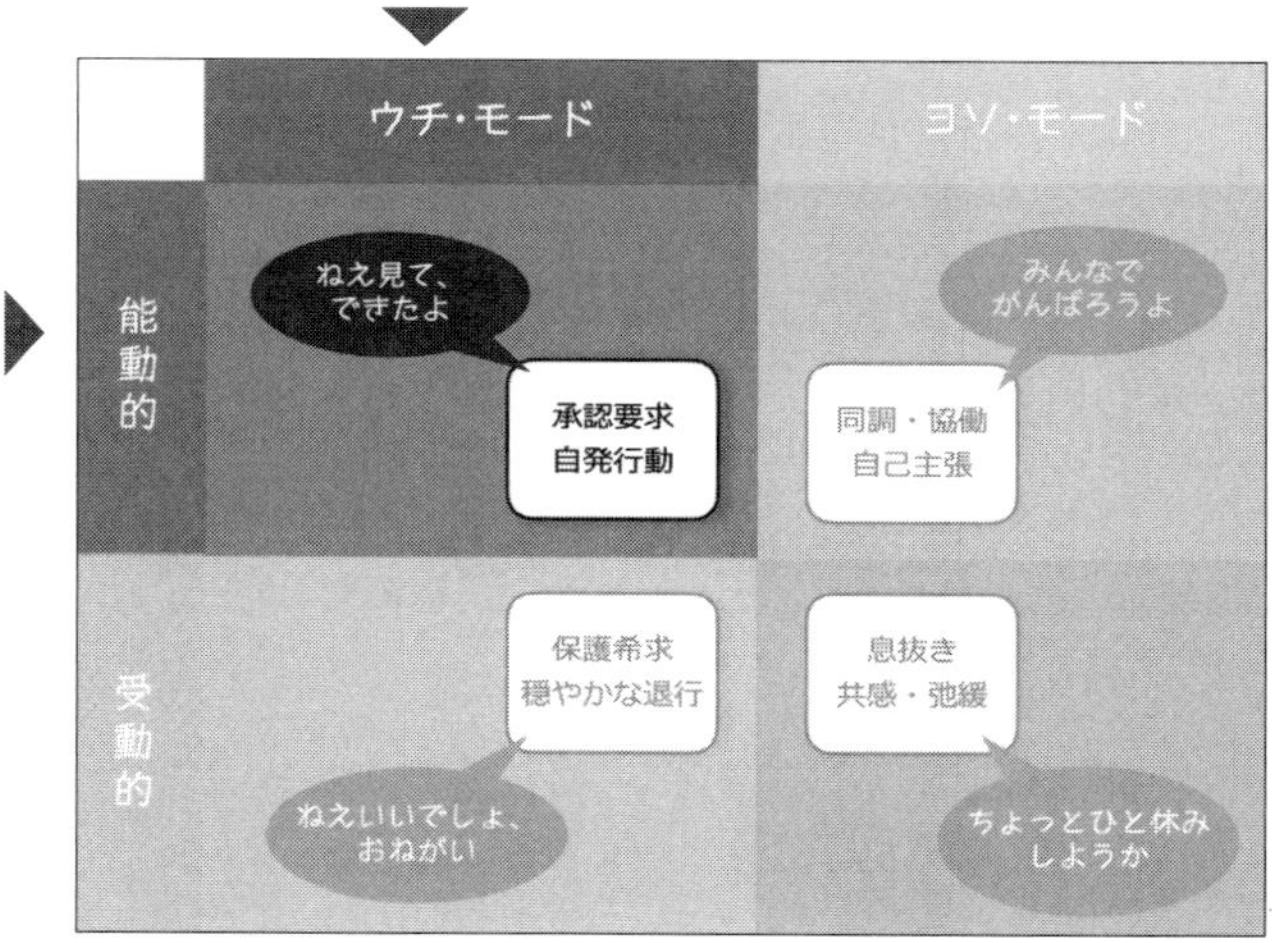

もしれません。いちばんはっきりしているのが、何かに夢中で取り組み、それが完成した瞬間「ねえ見て、できたよ」と見せに来る時の子どもです。自分の能動性が評価されることを求めているわけです。ずっと「甘えん坊」のままではいられないのです。

〈ウチ・モード〉での生活は、〈ウチ・モード〉と〈ヨソ・モード〉を交互に発揮することで安定するだけでなく、能動的なエネルギーの蓄積が起こります。能動性を肯定的に確認してもらうことで自己評価の高まりを感じ、それを反復することが能動性を発揮する場面をさらに拡大しようとするエネルギーを生むことになるのです。

受動のピークは眠りに入る時間帯です。どんな子どもも、安心できるものや人に囲まれて、何かをしようとすることや不安から解放されることによって、眠りに就くことができるようになります。

逆に能動性のピークは、エネルギーが蓄積され、能動性を発揮する場がウチ以外の場面にも広がろうとして、〈ヨソ・モード〉に転じる時にやって来ます。

◆〈ヨソ・モード〉能動・受動

　そこで子どもの生活は「〈ヨソ・モード〉・能動」へと転じます。それはヨソ（幼稚園・保育園・学校など）で活躍するためのモードです。仲間が楽しそうにしていれば自分も入っていこうとし（同調）、力を合わせて何かに取り組もうとし（協働）、時には自分が率先して事に当たり、自己主張をしようとします。

　子どもがいちばん自分らしさを発揮している時であるとも言えるでしょうが、ずっとエンジンを全開にしていられないように、ふと能動性が下がる場面がやって来ます。これも振り子の動きのひとつです。

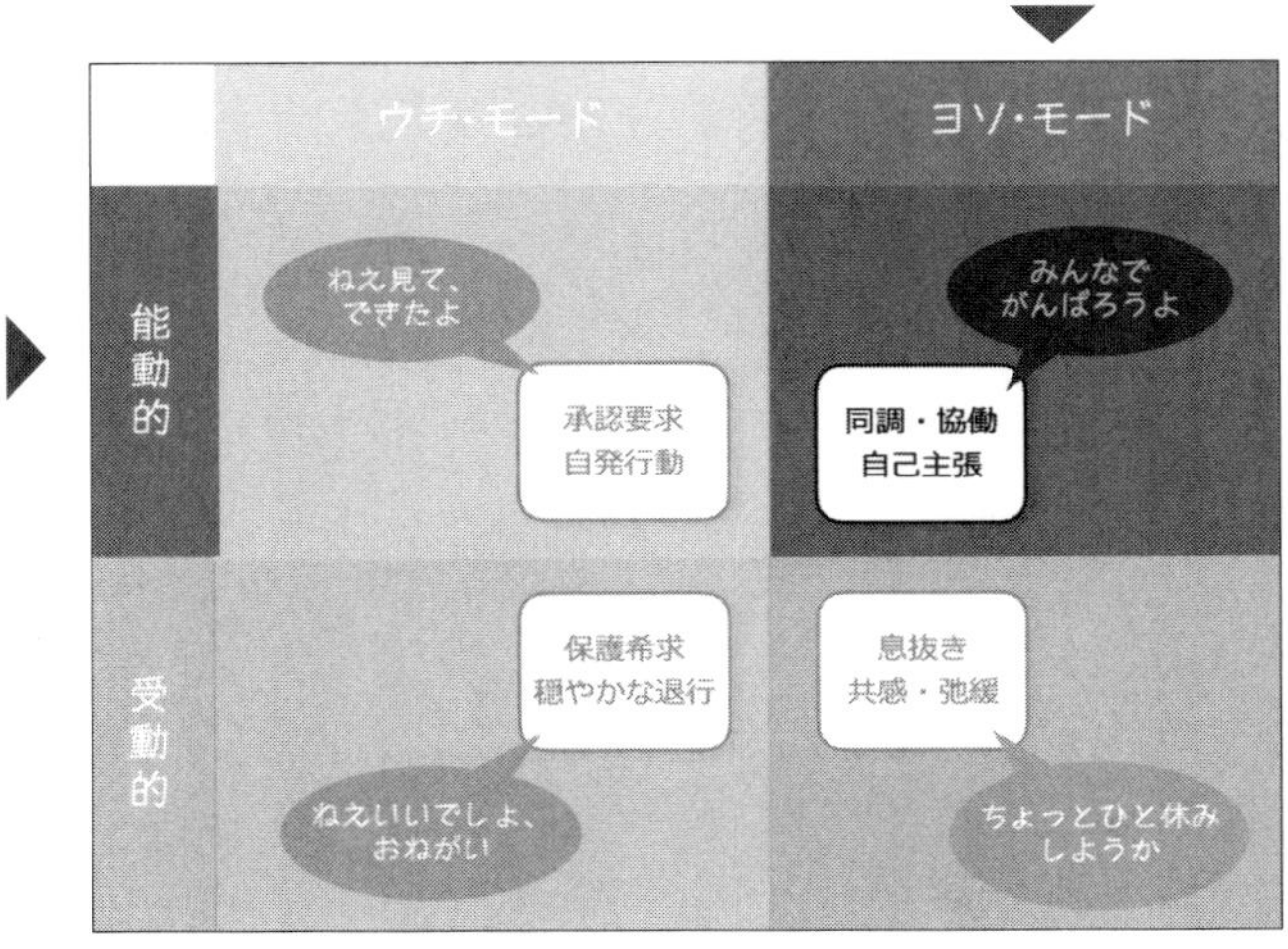

子どもは能動的な活動に一息入れようとして、ヨソで少しゆったりできる場面を探します。これが「〈ヨソ・モード〉・受動」の状態で、仲良しの子がいれば他愛のないおしゃべりにふけったり、ふざけあったりといった、あまり意味のない（ように見える）ことをしようとするでしょう。

このリラックス（弛緩）できる場面が、一日いっぱい〈ヨソ・モード〉で生活するためには、どうしても必要なのです。

そして、能動性のエネルギーを使い切った頃合いで、本格的な充電のために〈ウチ・モード〉生活に帰ってきます。

したがって、帰ってきた時の子どもは

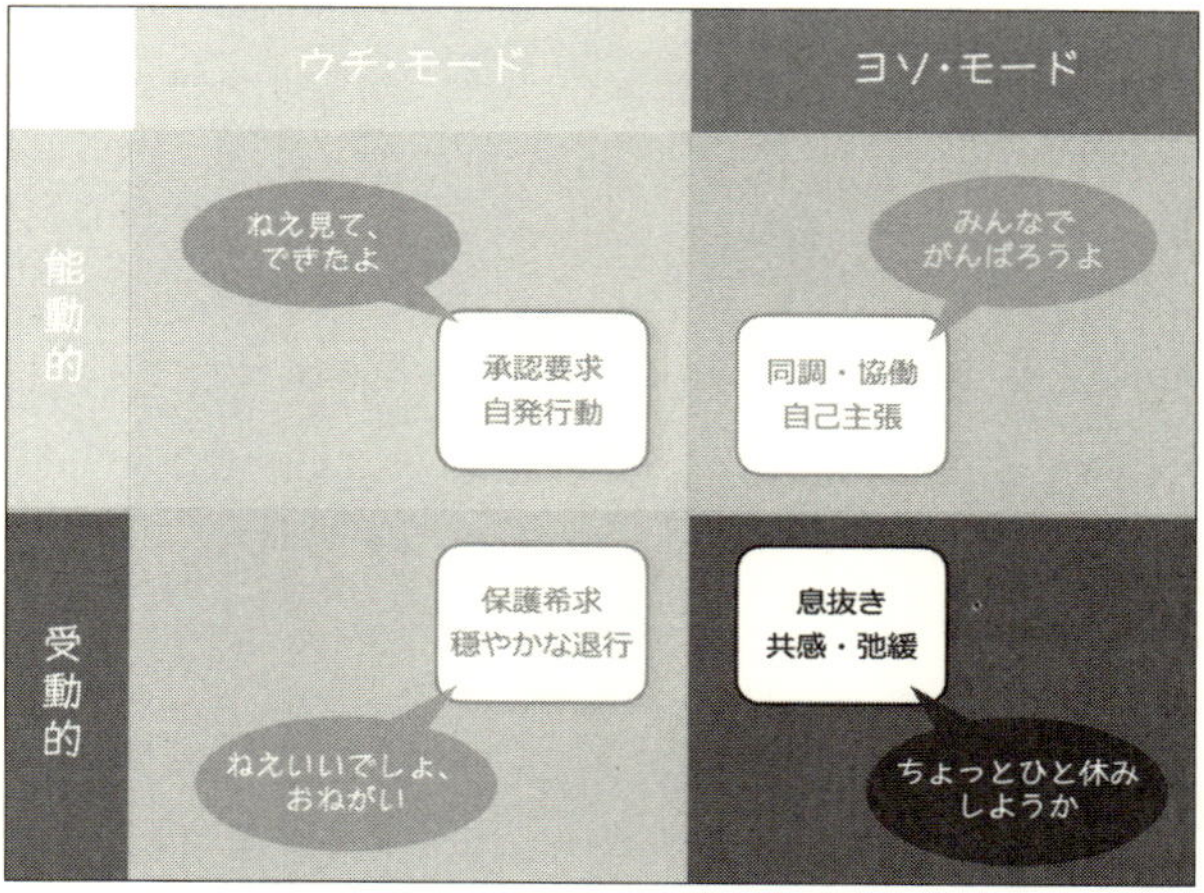

「〈ウチ・モード〉・受動」の状態になっているというわけです。

循環の維持のために必要なこと

何よりも重要なのは、能動と受動、〈ヨソ・モード〉と〈ウチ・モード〉が連続的に交代することによる心の運動が停滞せずに維持されていくことです（図参照）。

なぜなら、このような循環の中ではじめて、自分にとって重要なさまざまな人たちと出会い、体験を共有し、それによって心の世界を広げていくことができるからです。

「体験を共有する」とは、単に同じことを体験するということではなく、同じ体験をすることで

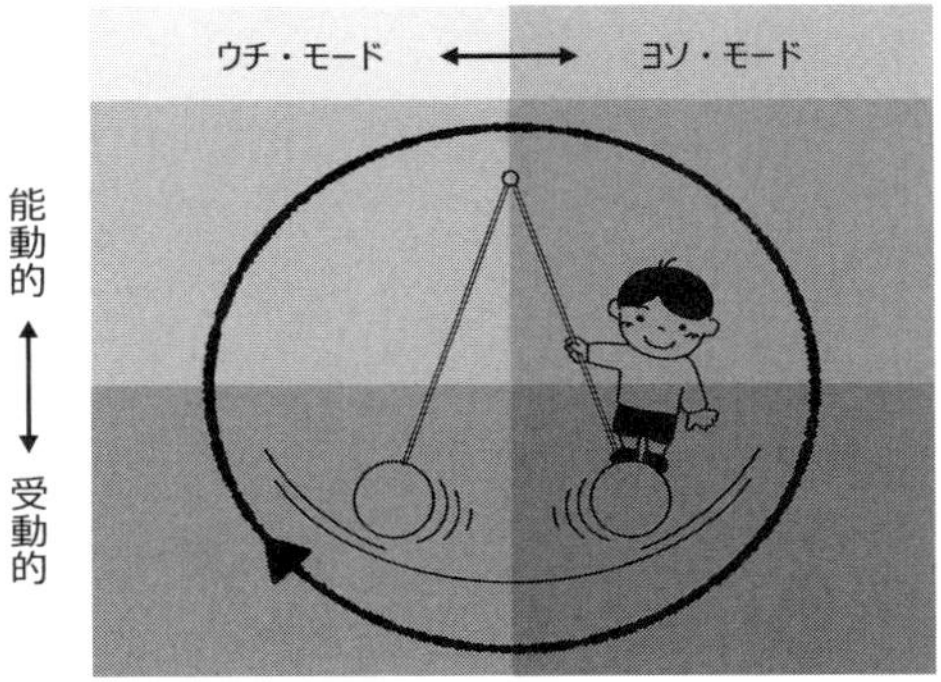

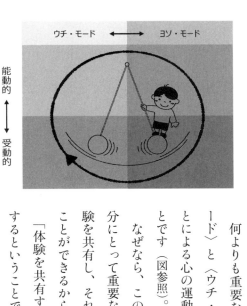

得られた感情を共有するということです。たとえば、同じ本を読んだだけでは体験の共有にはなりません。「ねえ読んだ？　あの本、おもしろかったよね」という具合に、感情を共有してはじめて、体験の共有になるというわけです。

この循環が維持されることで、子どもの〈ヨソ・モード〉の（社会的な）コミュニケーション能力の水準が少しずつ上がっていきます。そして、ついには全く知らない人の間に出て行っても、自分が必要とする用向きを達成していくことができるようになります。

このことが、前にも述べた自立ができるための条件ということになります。ここで言う「自立」とは、はじめて〈ウチ・モード〉を離れられるようになることを意味しています。したがって自立するまでは、心の成長のための循環を維持するための大人の支えを必要としているのです。

親が支えられるのは〈ウチ・モード〉の子どもです。〈ヨソ・モード〉の子どもの成長を支え、それを自立にまでたどり着かせるには、多くの安全に関われる人々（大人や子ども）を必要としていることになります。

この成長の過程で多くの人たちによって支えられているものは、子どもの自分に対する肯定的な感覚です。これを「自己肯定感」と呼ぶこともできますが、私はこれを「being の水準が維持されること」と呼んでいます。

このbeing については、次の章で詳しく触れたいと思いますが、「自分がありのままの自分である感覚」とお考えください。この「being の水準」は維持されることもあり、低下されられてしまうこともあります。ありのままの自分が良いと思える時もあれば、良いと思えない時もあるわけです。

じつは先ほどの四つの場面の図式（三三ページ参照）は、このbeing の水準がある程度以上に維持されている場合を表しています。つまり、この循環が維持されるために必要なことは、それぞれの場面で出会う人たちによって自分のbeing の水準が維持されていることなのです。

ところが子どもたちの毎日にはさまざまな出来事が起こるので、このbeing の水準はいつも高いままでいられるわけではありません。思うように受け止めてもらえなかったり、認めてもらえなかったり、付き合ってもらえなかったり、望みを叶えてもらえなかったりすることは、生活の中ではたえず起こりうるのです。

そのとき子どもは、自分の being の水準が下がってしまったサインを発信するのですが、その様子は見事なほどに being の水準が維持されている時とは対称的です。

そこで、次に自分を肯定できない時の様子について考えてみましょう。

自分を肯定できない時の子ども

being の水準が下がってしまった時の子どもの様子も、維持されている時と同じように四つの場面に切り分けて考えるとわかりやすいと思います。

◆〈ウチ・モード〉受動・能動

まず「〈ウチ・モード〉・受動」場面です。いちばん穏やかに甘えられるはずの場面なのですが、子どもが求めすぎてしまうとか、養育者の気持ちがついていかないとか、さまざまな理由でそれが阻まれてしまった時に being の水準の低下が起こり

恐縮ですが
切手を
おはり
ください

郵便はがき

〒164-0001
東京都中野区
中野 2-1-5

いのちのことば社
フォレストブックス 行

お名前

ご住所 〒

Tel.

性別

年齢

ご職業

WEBからのご感想投稿はこちらから
https://www.wlpm.or.jp/pub/rd
新刊・イベント情報を受け取れる、
メールマガジンもございます。

愛読者カード

書名

お買い上げの書店名

本書についてのご意見、ご感想、
ご購入の動機

ご意見は小社ホームページ・各種広告媒体で匿名にて掲載させていただく場合があります。

本書を何でお知りになりましたか？

1. □ 広告で（　　　　　　　　　　）
2. □ 書店で見て
3. □ ホームページで（サイト名　　　　　　）
4. □ SNSで（　　　　　　　　　　）
5. □ ちらし、パンフレットで
6. □ 友人、知人からきいて
7. □ 書評で（　　　　　　　　　　）
8. □ プレゼントされて
9. □ その他（　　　　　　　　　　）

今後、どのような本を読みたいと思いますか。

ありがとうございました。

ご記入いただきました情報は、貴重なご意見として、主に今後の出版計画の参考にさせていただきます。その他「いのちのことば社個人情報保護方針 https://www.wlpm.or.jp/about/privacy_p/」に基づく範囲内で、各案内の発送、匿名での広告掲載などに利用させていただくことがあります。

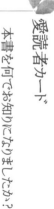

ます。

その時の子どもの反応（doing）は、あくまでも要求に固執すること（だだこね）や、カンシャク（情動暴発）です。頭痛や腹痛といった身体変化で表出することもありますし、「お母さんなんか大キライだ」などという心にもない言葉を出すこともあります。いずれも能動的に見えますが、なだめてもらう・ケアしてもらうことを想定しての反応であることを考えると受動的なのです。

「〈ウチ・モード〉・能動」の場面でも同様で、タイムリーな注目と評価が与えられない場合の子どもは、家族が望んでいな

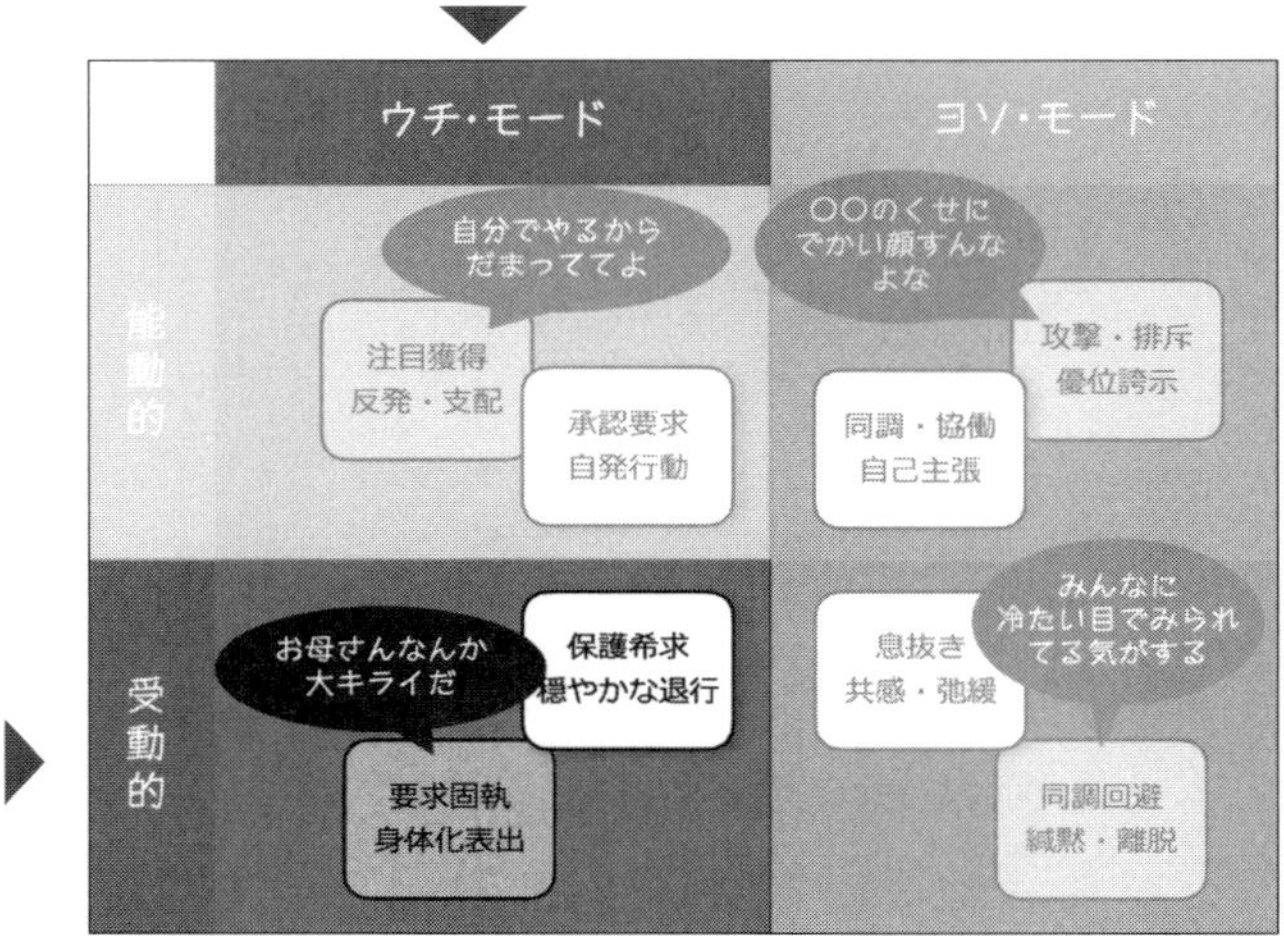

いことがわかっている行動をあえてすることで注目を引こうとしたり（注目獲得）、自分の能動性を抑制しようとする大人に反発をしたり（反発）、駆け引きをして家族が自分のしたいことを認めざるを得なくなるように仕向けたり（支配）します。

特に思春期に近くなると、自分の行動に指図をされることに強く反発をするようになります（「自分でやるからだまっててよ」など）。ヨソでも同じような気持ちになることはあるにしても、同じような行動をすることはめったになく、こうした反応そのものが〈ウチ・モード〉独特なのです。

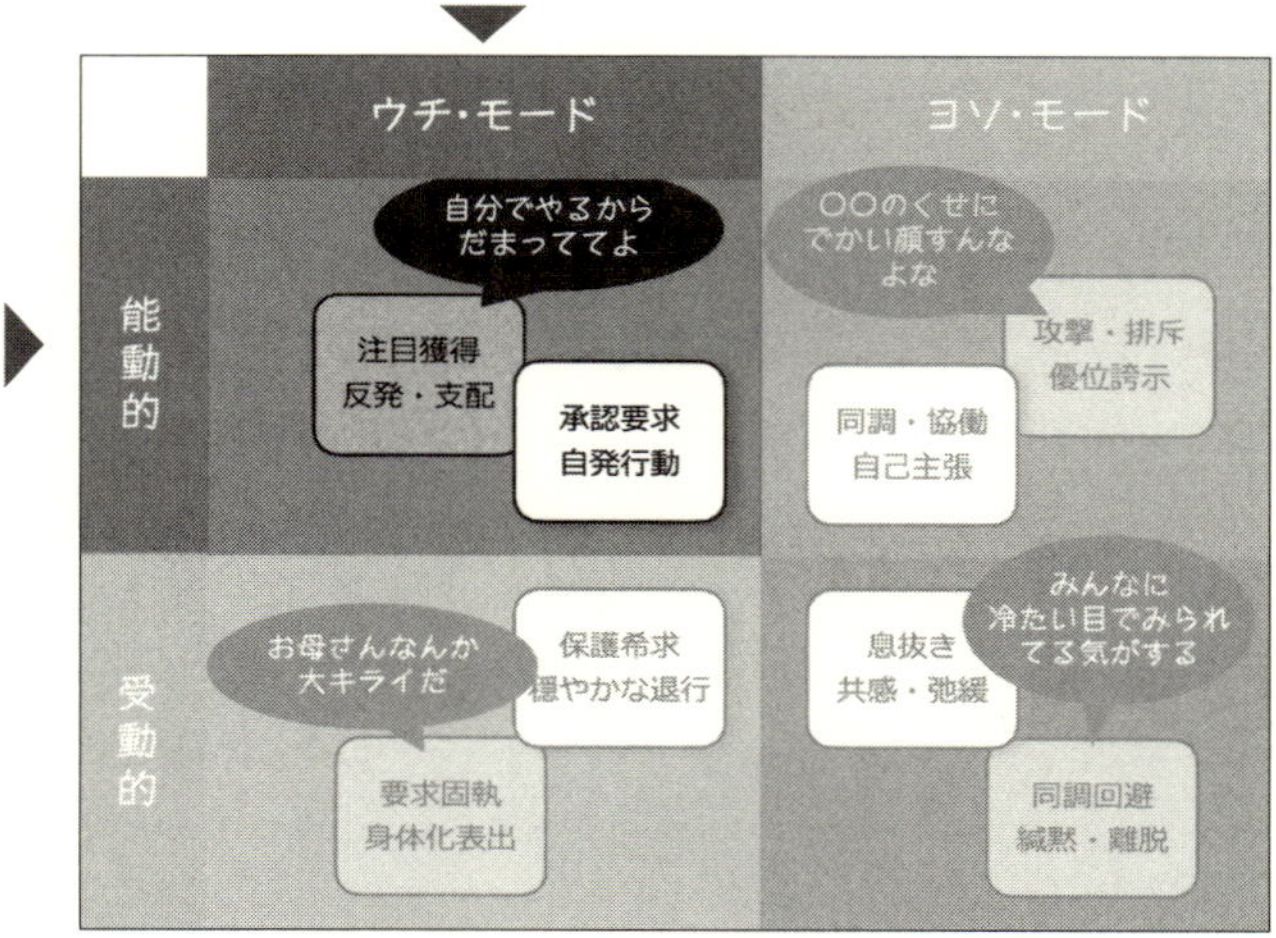

◆〈ヨソ・モード〉能動・受動

本来はキラキラ輝いているはずの「〈ヨソ・モード〉・能動」場面でも、がんばって取り組んだことが結局うまくいかなかったり、友だちとうまく関われなかったり、自分の主張が受け入れてもらえなかったりすると、being の水準が低下してしまいます。そうすると、強引なやり方で自分の優位を誇示しようとしたり、周囲の人たちの being をおとしめるための攻撃を仕掛けたり、疎外感の反動として同調してこようとする仲間を疎外したりします。

意地悪やいじめは、このような時の子どもによって引き起こされることが多いの

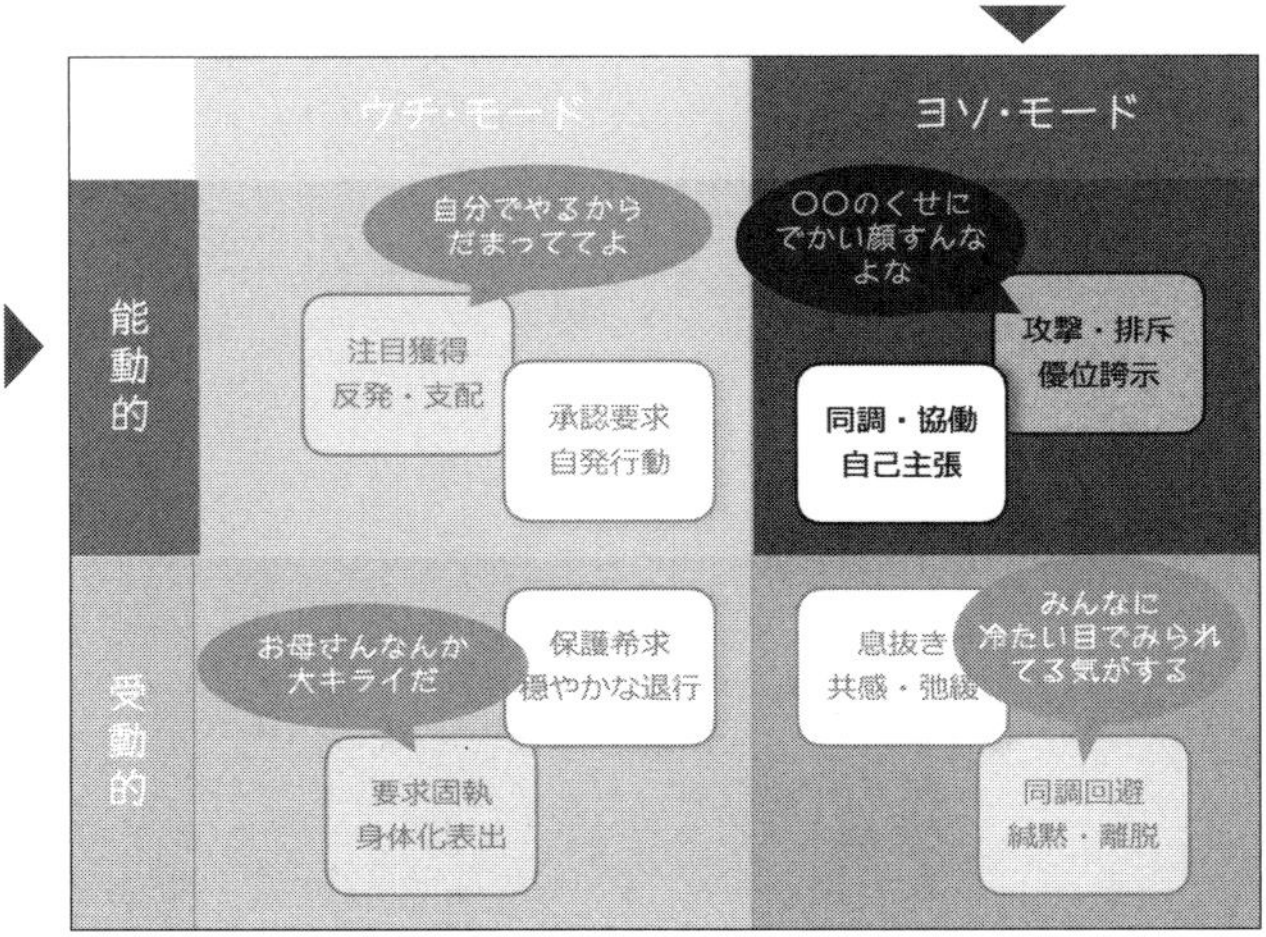

です。

そして「〈ヨソ・モード〉・受動」は、ヨソでbeingが傷ついた子どもが能動的であることをやめてしまった状態ですから、すねたりいじけたりして、周囲からの関わりを拒絶しようとします（同調回避・離脱）。周囲に対して反応らしい反応ができなくなり、固まってしまう（緘黙《かんもく》）子どもも、このような状態にあると考えてよいでしょう。

このような反応は、子どもの自分に関してうまくいっていないことを示すサインのようなものであり、日常の中でよく見られることなので、直ちに対応して止めさせ

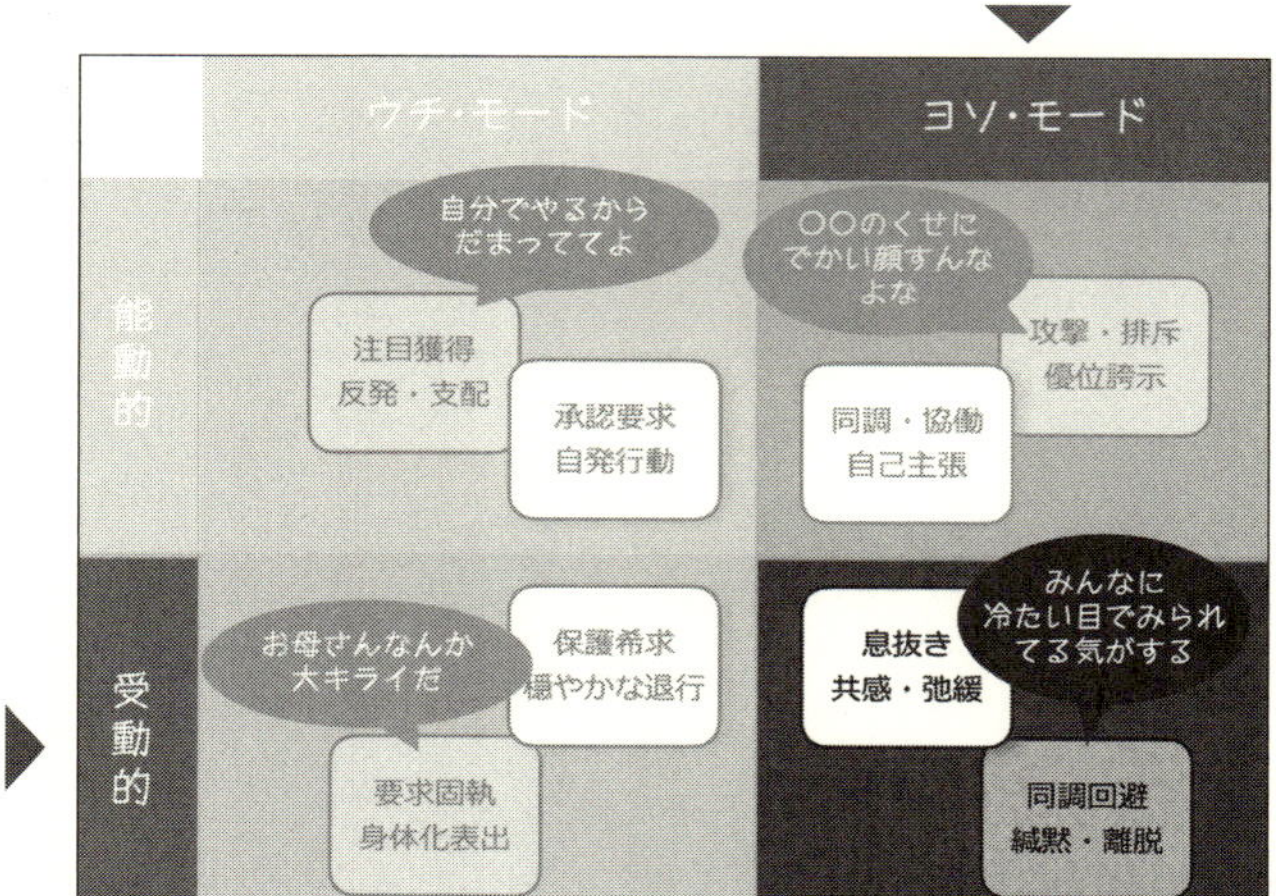

るべきものではありません。子どもたち自身が being の水準を修復する方法もわきまえているからです。

日常生活の中で偶発的に起きた being の水準低下は、場面が切りかわって、異なる顔ぶれの人たちと接し直すことによって、多くの場合修復が可能になります。たとえば、学校で先生に叱られても、休み時間に友だちと先生への文句を言い合ったり、ふざけあったりすることができれば、学校生活全体での being の水準は低下しなくてもすみます。学校で友だちとうまくいかなくてがっかりしても、放課後活動で別の友だちと遊べたり、おうちに帰ってお母さんに愚痴ったりできれば、受動的な状態全体としての役割は失われなくてすむことになります。

ところが、being の水準の低下があちらでもこちらでも起こり、かつ常態化してしまうと、この修復のしくみが使えなくなり、子どもの being の水準全体が地盤沈下を起こすという事態が生じてしまいます。このような事態に陥った時の特徴は、子どもの心の特質だったはずの柔軟性が失われ、場面の移行が自然な往き来としてではなく、強制的に行われるようになることです。

たとえば、〈ウチ・モード〉でのエネルギーの補充が十分に行われないと、学校に行こうとする時に、まだ「〈ウチ・モード〉・受動」でいたい状態にあるのに、いきなり強制的に「〈ヨソ・モード〉・能動」へとスイッチの切り替えをしなければならなくなります。

これはどんな子どもにもかなり難しいことです。ある子どもは切り替えがつかずに、その場で立ち往生してしまうでしょう。またある子どもは切り替えはするものの、がんばりを維持することが難しくなるでしょう。

つまりその時に起こることは、先ほどbeingの水準が下がった時に起きると説明した望ましくない行動が、その子の行動パターンとして度々見られるようになるという状態なのです。そこで、次にその例のいくつかを述べてみたいと思います。

循環が柔軟さを失うことと問題行動

心の循環が柔軟性を失った時の問題行動にも、いくつかのパターンがあります。

「〈ウチ・モード〉・受動」から動けなくなってしまうと、「分離不安」といって養育者のそばを離れられない状態になります。目は醒めても心と身体のスイッチが入らなくて朝起きてこられないことや、頭痛や腹痛などの身体症状が慢性的に続くという出方をすることもあります。ヨソに移行することは難しくなり、不登校状態になることもあるでしょう。「〈ウチ・モード〉・能動」から動けなくなると、きょうだいのいさかいが激しくなったり、親への反抗が常態化したりするでしょう。金品の持ち出しなどが止まらなくなるかもしれません。

また「〈ヨソ・モード〉・能動」から動けないと、学校などでの逸脱行動が激しくなると考えられます。友だちとのトラブルが多くなり、先生への反抗も激しくなるでしょう。大人社会を舞台にして、万引や性非行などの逸脱を見せるかもしれませんし、周りを巻き込んだ自傷行動なども、ここに入れて考えることができると思います。

「〈ヨソ・モード〉・受動」から動けない時には、学校に行きはするものの教室に入れなかったり、自分はだれからも相手にされていないと考えたりします。周りの人の視線が過剰に気になる状態というのは、「〈ヨソ・モード〉・受動」のあり方に、何かの問題があることを示しているのです。

「場面緘黙症」と呼ばれる、ヨソ場面では思うようにコミュニケーション行動が取れなくなってしまう状態があります。緘黙症という名がついているので、しゃべれないことが問題のように思われがちですが、人との能動的な関わりが一切できなくなってしまうことが特徴です。

もう一つの大きな特徴は、家に帰ると家族とは全く問題なくコミュニケーションができることです。つまり、場面の転換によって、モードの切り替えが強制的に起きているのですが、ヨソでは受動的でしかもbeingの水準が低下した状態である「緘黙」(固まってしまうこと)状態しか取れなくなってしまっているのです。この点では、柔軟さを失った行動のひとつと考えられます。

ヨソ場面では活躍できるのに、ウチに帰ると、カンシャクや粗暴な行動が止まらない子どもたちがいます。〈ウチ・モード〉でのbeingの水準が下がった時の行動、つまり受動的な時のカンシャクやわがまま、能動的な時の反発やきょうだいげんかなどが特徴ですが、じつはヨソに適応しているように見える行動に無理がかかっている可能性も考えてみる必要があります。

能力的な問題があって、学校での勉強についていくことに余裕がないのかもしれません。あるいは、ヨソに行くと能動のスイッチが入ってしまい、常に能動的であろう（がんばって適応しよう）とするために、うまく受動的な「ゆるむ」行動が取れなくなってしまっているのかもしれません。

子どもにある種の完璧主義があって、ヨソでの行動に力が入りすぎてしまい、養育者や先生たちといった周りの大人もそれを良しとしてしまうと、それを止めることはなかなか難しくなってしまいます。

これとは逆に、学校で授業妨害や他の子どもへの攻撃、不参加（教室からの抜け出しやサボタージュ）などの逸脱行動が頻発するのに、ウチでの行動にはあまり問題がないという子どももいます。保護者の目には、問題がないところしか見えないので、学校から指摘を受けても、学校の指導が良くないようにしか見えません。そのような可能性も否定はできませんが、〈ウチ・モード〉生活に何かの問題があって、ヨソで適応的に振る舞うだけの肯定的なエネルギーが蓄積されないまま、場面だけが〈ヨソ・モード〉に切りかわってしまっているために、being の水準が下がった行動しかできなくなってしまっている可能性もあるのです。

〈ウチ・モード〉で肯定的なエネルギーの蓄積が行われない要因としては、〈ウチ・モード〉生活での柔軟性、つまり能動・受動を自在に往き来する自由さが失われている可能性が考えられます。受動的になれなくなっているとしたら、受動性を発揮できるはずの対象である養育者が、不在であったり脅威であったりして見えなくなっているか、ほかの人（たとえば年下のきょうだいたちなど）や、もの（仕事や心を惹かれているもの）ですでに占拠されていて、自分が割り込む余地が見つけられず、注目されるためには良い子を演じる（能動的なふりをする）しかなくなっていることを意味しています。これは、子どもにとってはかなり苦しい状況です。

また、能動的になれなくなっているとしたら、子どもが能動的になろうとする（背伸びをする）ことを、養育者が肯定的に評価しなくなっているか、子どもが受動から能動に転じようとすることを、養育者が引き止めてしまっているかです。

前者の場合は、養育者自身があまり肯定的な評価を受けられずに育ったからかもしれませんし、自分を越えていく子どもに脅威を感じるからかもしれません。また後者の場合、子どもが自分から離れていってしまうことに養育者が耐えられないからかもしれないのです。

このように、子どもたちの、大人から見ると問題に見える行動が慢性化する要因を探ろうとする時には、少し視野を広げてその子どもの心の循環全体が、どこかで滞っていないかを探ってみる必要があります。そのような見方をすると、問題行動というのは、子どもたちが苦境を表出する救助要請であるように見えてくるはずです。問題の実態は、循環が停滞しているために、自立へと向かうはずの心が成長していくことが難しくなっていることと、その息苦しさの中にあるということがわかってくるのです。

この循環の停滞を解消するには、being の水準を回復させてあげることしかありません。そこで次の章では、being ということそのものの理解をもう少し深めつつ、それを引き上げていくための関わりについて学んでいきたいと思います。

おせっかいな人たち

世の中から「おせっかいな人たち」が少なくなって久しくなります。

おそらくだれもが、他人からおせっかいを焼かれることを好まなくなってきているからだと思います。他人に生活に介入されることは煩《わずら》わしいことなのです。子どもたちに対しても、「きみたち、こんなところで何してるの?」と声をかける大人は、ほとんど絶滅してしまいました。

おせっかいな大人たちが少なくなったせいで、おせっかいな子どもたちも減ってしまいました。子どもたちは、大人の自分たちに対する接し方からふるまいを学んでいきますから、これは当然の成り行きです。

その結果、たとえばクラスの中でいじめが起きそうになったとき、「あんた

Column

たち、やめなさいよ」と言う子どもはいなくなりました。学校に行けそうもない子どもを、いやがられても迎えに行く子どもも、すっかり少なくなりました。どうも子どもたちまでクールになってしまったようです。

ただ考えてみますと、子どもを育てるとか、子どもが育っていくということは、元々はたくさんのおせっかいの上に成り立っていたのです。赤ちゃんを抱えたお母さんのことは皆で大切にしていく、という眼差《まなざ》しが共有されているから、子育てという作業はどうにかやり遂げられるのです。

人の気持ちが薄くなった分は、子育て支援の制度がそれを補おうとしていますが、それでもおよばない部分で、うまく育てられない家庭が増えています。その極端な例が、最近よく話題になる「虐待」問題なのです。

私たちが急に「おせっかいな大人」になることはできないかもしれませんが、おせっかいがほんとうに社会の迷惑なのかを、少し考え直してみる時が来ているのではないでしょうか。

三章　being《存在》が大切にされるということ

人の心が成長し、人の中で生きていこうとする時に、being（存在）が大切にされていくとはどういうことかを考えたいと思います。

being とは何か

英国の児童精神分析家であるウィニコットの著作『遊ぶことと現実』（岩崎学術出版社、一九七九年、改訳版・二〇一五年）の中に、次のような一節があります。

「在ることが、ある世代から次の世代へと……受け継がれていくのである。」

「『在ること』の後に、『すること』と『されること』がある。しかしまず最初に、『在ること』がある。」

やや難解な書き方がされていますが、「在ること」を日本語に訳してしまわず、原文どおりにbeingという単語のままにしてみると、子どもが「いること」の意味が少しはっきりと浮かび上がってきます。

初めの文章は、beingが世代を超えて継承されるものであること、二番目の文章は、「すること」や「されること」つまりdoingより前にbeingがあること、つまりbeingを前提としないdoingはあり得ないことを意味していると考えられます。

beingとは、つねにdoing（行動）の背後にあって見えないものです。doingの対概念です。doingの背後にはかならずbeingがあります。子どものdoing、つまり〝しでかすこと〟には意味がないように見えることがよくあります。しかし、私が確信をもって言えることですが、子どもは意味のないことはひとつもしていなくてかならず何か意味があります。その意味に相当するのがbeingです。

beingとは、be動詞の名詞形なので、その人で「ある」ということ、その人で「いる」ということを意味しています。be動詞は補語をとって、どんな人であるか、何をしているか、どんな気持ちであるかを伝えます。そういう意味も含めて、beingということを考えます。つまり、その人「らしい」あり方、「らしさ」の部分――その人らしい考え方、感じ方――これがdoingの背景にあるものなのです。

また、モチベーション、その日その時の周りの人との関係、さらに言えばその時の気分やノリといったものも含まれます。たとえば、天気に影響されて「今日、なんとなくうっとうしいんだよね」というのも、その時の行動にもちろん関係してきます。そのようなものまで背景要因として考えれば、beingのないdoingなどというものはあり得ません。そう考えるとき、人の育ちは「beingの継承」という側面があると言えます。

特に心の育ちを考えると、その子どもがどのようなbeingを持っているのかを知ることが大事になってきます。子どもたちのbeingは、どういう状況で、どういう

beingを持っている人に育てられたのかということの影響を色濃く受けています。

なぜなら、beingのやり取り――一緒に行動し、一緒にものを感じること――が「育てる」という行動だからです。その一番初めは、母子関係とか家族関係の中で起こってくるものです。お母さんのbeing、お父さんのbeingを色濃く継承していきます。けれども、それだけではなく、子どもの通う保育園や学校でも、そのクラスのbeingや先生のbeing、仲良くなった友だちのbeingから大きな影響を受けます。つまり子どもたちは、コミュニティのbeingも継承するのです。

◆beingの質

もう一つ言えることは、誤ったdoingはあり得るが、誤ったbeingはあり得ないということです。言ってはいけないことを言ってしまった、失敗してしまったというdoingの面ではあり得ますが、beingはその人の存在ですから、存在そのものが間違いだったということはあり得ません。その人「らしさ」が誤りだったということもあり得ないのです。ただ、beingの良い状態・良くない状態というものはあります。

being の良い状態（自分に意味がある感覚、自分であることの居心地の良さ〔well-being〕）を維持するためには、自分らしさを認めてくれる他者との関わりを必要とします。繰り返しになりますが、自分ひとりでは自分の being を上げることはできません。being の質は、子どもの自立までの心の発達に必要なバランス維持に、非常に大きく影響します。

これが二章でくり返し強調した being の水準という考え方です。つまり、being の水準が保たれている子どもほど、「ウチ・ヨソ」の循環が順調にいっていて、それが順調であればあるほど、「ヨソ」での自分の being の表出をなめらかに行うことができ、being を肯定されやすくなります。そのように、心のバランスを取りながら成長していくことが楽になります。

beingと心の成長

人間の子どもたちは、他の哺乳類に比べると大変に未熟な状態でこの世に生まれてきます。他の動物に比べると、新生児の時点でおよそ一年分も未熟なのです。生後一年目の子どもが急に言葉をしゃべるようになったり、立ち上がったり、手を使ったりするのは、おそらくこのためでしょう。そのために、初めの一年間を能動的にはほとんど何もできない状態のまま過ごすことになります。しかしこの一年間こそが、beingとしての自分を獲得するために欠かせない時間なのだと、私は考えています。

「能動的にはほとんど何もできない」と書きましたが、何もしていないわけではもちろんありません。身体全体を使って自分に関わってくれる人のことを感じ、とりわけまだ視力も十分ではない目を使って〝見て〟いるのです。そして、そのような在り方によってしか得られない何かをとらえ、心の中に形作っているに違いありません。

では、赤ちゃんは何をとらえ、何を形作っているのでしょうか。新生児の視覚を研究している人たちは、生後数か月、まだものが見え始めたばかりの赤ちゃんが、自分の目の前の人の顔、とりわけ目を注視していることを明らかにしています。

興味深いことに、人の視力は三十センチくらい離れた物から見えはじめます。この三十センチというのは、赤ちゃんが乳首をくわえた時の、子どもと母親の顔の距離なのです。赤ちゃんをあやす時の顔の距離もほぼ同じでしょう。つまり、物が見えはじめた赤ちゃんは、お世話をされるたびに、(多くの場合)お母さんの顔を見つめていることになります。

そこでとらえられるものは、自分を大切にしてくれる人が絶えず近くにいてくれるという事実であり、それによって形作られるものは養育者のbeingへの信頼です(人の場合、これをしてくれる対象はかならずしも血のつながった母親である必要はないため、養育者としておきます)。それは、自分に対する肯定的な関わりへの信頼感といってもよいでしょう。必ず良いことをしてもらえると信じているから、子どもは自分の存在をアピールするために、大声で泣くことができます。あれほどギャン泣きする赤ん坊は、人間をおいて他にありません（野生動物がそれをしたら、たちまち天敵に襲われて捕食されてしまうでしょう。）。

そこには、必ず良い関わりをしてもらえる、つまり自分の being への信頼があるということになります。自分は良いことをしている（doing）から良いことをしてもらえるのではなくて、良い存在（being）だから良いことをしてもらえるのだということです。

私たちは、火のついたように泣く赤ちゃんを抱き上げたとき、「よしよし」と言います。それはしている（泣いている）ことへの肯定ではなく、存在していることに対する「よしよし」（肯定）です。そしてそのような関わりが、子どもの中に自分の being が良いものであるという確信を形成していくのです。

赤ちゃんは次第に、自分によくしてくれる人がいつも同じ人ではないことに気づくようになります。この時までに、養育者との信頼関係の土台が形成されていれば、いつもと違う人の接近に対して、すでにできている信頼関係という安全基地に逃げ込む行動を取ります。これが人見知りです。そして、安全基地の中から新しい人との関わりを探りはじめます。これが人に「懐《なつ》く」という行動であり、少しだけ能動的な関わり合いの始まりになります。

人との関わりの広がりと、そこで展開するさまざまなやり取りは、養育者と自分の関係への信頼を土台にして始まることになります。そしてこの関わり合いは、次第に行動の枠組みを形成していくことになります。人との関わり合いがなければ、子どもは自分の衝動を枠づける必要もないわけですから。

養育者のbeingへの信頼があれば養育者は〝安全基地〟となり、そこを拠点としてコミュニティ（社会）に出ていくことが可能になり、対人関係の中で生活し、社会の中を生活していく力をつけていけることになります。

自分のbeingへの信頼があれば、たとえ大失敗があったとしても自分の価値は消滅することはないわけですから、能動的に周囲と関わることができ、そこから自分らしさの肯定感（自尊感）を得ていくことができるようになります。このようにして得られた自尊感は自分に対してのみでなく、他者に対しても寛容になることを可能にしてくれます。

子どものbeingは、そのくらい大切だと私は考えています。けれども、現代の子どもの育ちの環境は、このbeingの視点を著しく欠いていると感じています。

今、子どもがどういう気持ちでこれをやっているのだろう？　この子どもの個性のどういう部分がこれをやらせているのだろう？　子どもが経験してきたどんなことがこの行動に影響しているのだろう？　そういった子どもの内面、その行動の理由を見ようとする視点を欠いて、やった結果でしか子どもたちを評価しないのではないでしょうか。

そのような現代で、非常に不利になっている子どもたちがいます。それは、もともとある程度以上にアンバランスさを持っている子どもたちです。行動でしか評価されない中に置かれたとき、そのような子は「問題児」でしかないわけです。「発達障害」とは、このような現代だからこそ発生した病理であるのかもしれない、と私は思うのです。そういうふうに考えないと、発達障害がすごい勢いで増えている現象というのは説明がつかないのではないか、と思います。

「発達障害」の再定義

発達障害は、心の発達の偏りとして再定義することができます。それは、社会的な育ちの偏りのために集団体験の共有が難しい子どもたちと言うことができます。ここでいう「社会的な育ち」とは、これまで見てきた「ヨソ」と「ウチ」を行き来しながら心が成長していくことです。そのためには集団体験が必要なのですが、そのような子どもたちは往々にして集団からもてあまされてしまいます。集団体験ができないから、社会性の伸びが思うように進まず、さらに集団体験が難しくなる……という悪循環に入ってしまいます。その悪循環の中にいる子どもたちが「発達障害」なのだろうと私は思います。

本書の最初に触れた「村」の話を思い出してください。たとえば、発達障害の子どもが来ますとなったとき、学校はその子をどのクラスで受け入れるのかということを議論すると思います。ただ「村」という文脈で考えてみましょう。ある村人のところに生まれた子どもの一人が、やたらと問題行動が多く、乱暴者だったとします。でも、村人たちはその子どもが村にいることの是非について議論するでしょうか？　しないですよね。村人の子どもがそうだったのであって、その家庭を村から追い出すかという議論にはならないはずです。これが、「村」が「村」たるところです。

発達に偏りのある子どもの行動が回りを困らせる、問題を引き起す、だから発達障害であったりするのですが、じつは周りを困らせている以上に本人が困っているのではないかと、考えてみる。それが、心の偏りを持っている子どもやその家族に対する対応の基本だと思います。

◆発達障害って何？

わが国の法律で定められた定義には、「自閉症、アスペルガー症候群その他の広汎性発達障害、学習障害、注意欠陥多動性障害その他これに類する脳機能障害であってその症状が通常低年齢において発現するもの」とあります。

私はこの定義にあまり注目してほしくありませんが、「発達障害者支援法」などにかならず出てきます。この定義は、実践的にはあまり使えないものだと私は思っています。なぜかというと、実態を理解するのに病名から入るからです。どのような病気を発達障害と言うのか、しかもまだ解明もされていない脳障害を前提にしているのです。さらに言うと、それが小さいうちから現れてこなければいけないと規定されているのです。

そうすると、どれにも当てはまらない子どもがたくさん出てきます。診断名もつかないし、脳機能障害であるかも証明できないし、小さい頃から発現しているかわからない子どもたちが、私たちの周りにはいっぱいいるわけです。そのような子どもたちも、共同体験をすることを助けてもらうこと（支援）を必要としています。

なので、先述した滝川先生の発達の定義から、発達障害とは何かを考えてみたいと思います。

「そだち（発達）とは、養育者との間でさまざまな体験が分かち合われていくことを通して、子どもが人間の持つ共同世界（社会）をともに生きられるようになる歩みである。」

（前掲書、傍点筆者）

発達についてのこの定義を裏返してみると、発達障害とはここで言われていることがどこかうまくいっていないことだと言えるのです。心の育ちとは「社会的な育ち」であることを先程触れました。育ちがうまくいかないために、ほかの子どもたちとの共生、つまり集団生活で難しいことが出てくるのです。たとえば小さい子どもで言えば、授業に一緒に参加して勉強することが難しかったり、同じルールの中で遊ぶことが難しかったりします。それが、発達の偏りのために物事を共有することの難しさということです。結果として、なかなか自立することに手が届かないということが起こってきます。

じつは、この「さまざまな体験が分かち合われることが難しい」という定義のほうがはるかに実際的で、教育現場等でもこの把握の仕方を使って、たとえば特別支援教育とか療育などがなされています。これには診断も必要としてないし、脳機能障害があるか・ないかの判断も必要としていません。ただこれでは、どのように「村人」が子どもたちを支え、コミュニティが子どもたちに寄り添っていったらいいのかが、見えてきません。そこで、私なりにこの定義を言い直してみます。

発達障害のある子どもたちは「集団の中での学びや生活や他人との関係に、何らかの支援を必要としている子どもたちだ」ということになります。子どもたち同士に任せて、自然と一緒に学んだらいい——それが、学びとしても遊びとしても理想なのですが、それがなかなかうまくいかない。そこに大人が少し手を貸して、どのような子どもたちでも一緒に生活ができるように、同じ体験ができるように、共に学べるようにしていく、その必要のことを発達障害と呼ぶ、ということです。

このように考えるとき、先ほどの滝川先生の発達の定義から考えたものに近いだけではなく、それならば何をしてあげたらいいのかということまで見えてきます。

この定義を、主に使いたいと思います。さらにもう一歩突っ込んで、「発達障害」、つまり何らかの支援を必要とするような状況はどうして起こるのだろうか、というところまでさかのぼって考えてみたいと思います。

「発達障害」を考える

原因がわからないと、対応する時にどういう考え方を持って対応したらいいのか、私たちがどういう心で子どもに接したらいいのかがわかりません。そうすると、まず何をしてあげるのか、何をすればいいのかが優先され、発達障害というものをどう考えるのかが後回しにされてしまいます。その結果、新しい事態が起こった時に「ズレ」が生じてしまうのです。

だから、まず発達障害自体を「どう考えるのか」を考える必要があります。私はそれを、「その人の〝あり方〟(being)の多様性からくる、〝すること〟(doing)の多様性」と考えています。そのことについて少し詳しく説明します。

doingにはbeingが対応しています。つまり、何かをする(doing)には、かならず何らかの理由《わけ》(being)があるのです。子どもたちの行動を見ていると、意味のないことをたくさんしていると思いがちですが、私が四十年以上、子どもたちと付き合ってきた中で言えることは、子どもは意味のないことは一つもしないということです。かならず何か意味があります。ただ、その意味を子ども自身もわかっていないことが多いし、まして私たち大人はその意味をなかなか探ることができません。けれども、「その行動にはかならず意味があるよね」と思ってあげることで、見えてくるものがあります。それは、見ようと思わないと見えません。よく使われる言葉で言えば、心の目でないと見えない。そういう問題だと思うのです。

◆doing の多様性

子どもたちに対していろいろな物差しのあて方があります。doing（すること）は、ある種のスキル、つまり「巧みさ」ですから、そのやること（行動）に何歳レベルのことができるのかという序列をつけることが可能です。あるいは、何歳レベルかということだけではなく、非常にハイレベルな doing を持っている子どもと、あまりそこまでのレベルを持っていない子どもといった序列をつけることも可能なので

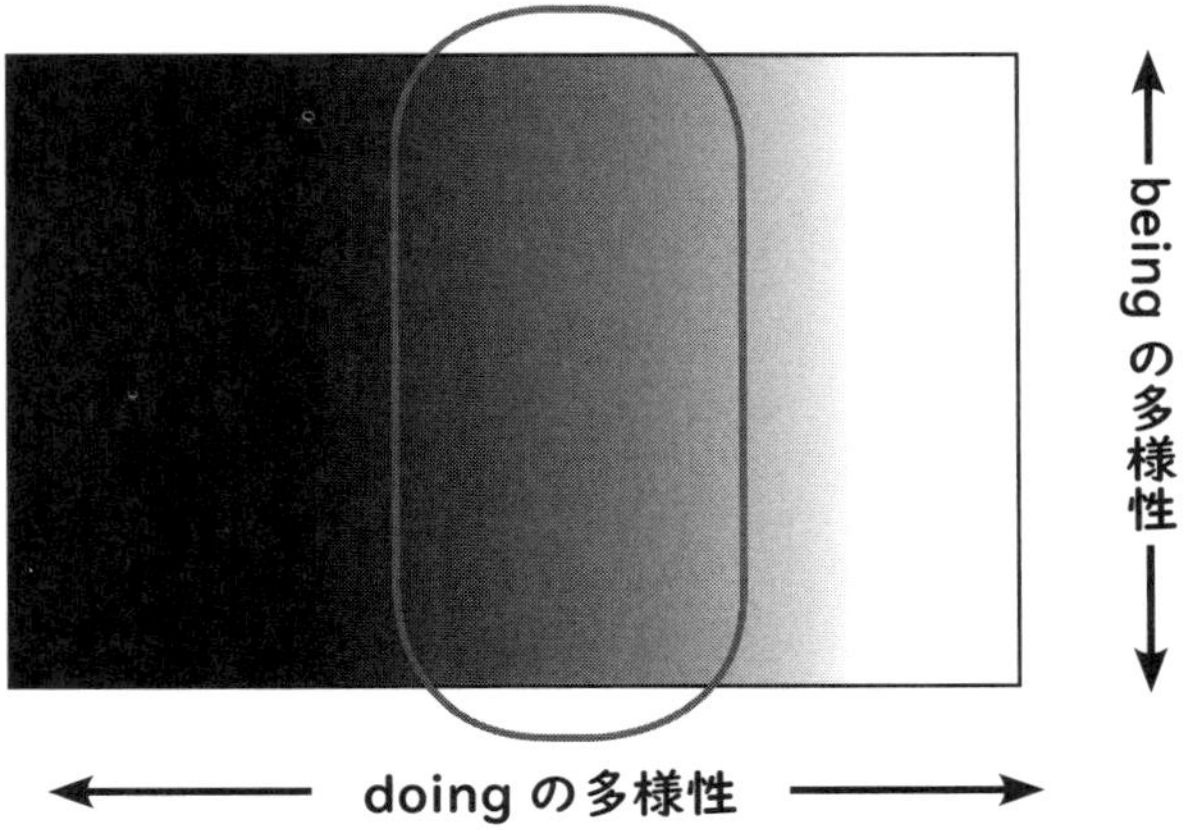

す。

上の図を見てもらうと、右側の白い部分は年齢相応の知能やスキルを獲得していて、育ちを支えるのにあまり手のかからない子ども、左に行くほど育ちがゆっくり目で、ものごとを覚えていくことや生活そのものに手がかかる子どもを表しています。知的な問題なども含め、doingという意味では「できること」に制限があるわけです。そういう意味で、能力の高い子どもというのは、言われなくても何でも理解できるし、動くことができてしまうのです。

けれども、知的に普通レベルの子どもと、知的に劣っている子どもの二種類がいるの

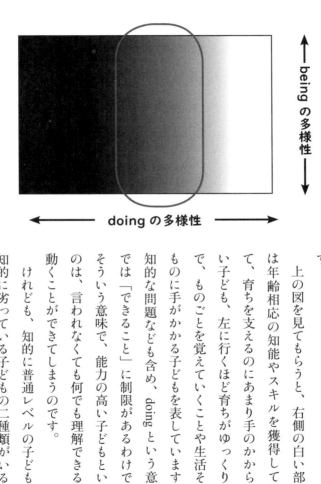

かというと、そういうことではありません。ただ、図のようなグラデーションがあるだけなのです。

これが、じつは「〝すること〟(doing)の多様性」です。これが意味するのは、いろいろな子どもがいて分類ができるわけではないということです。「グレーゾーン」とよく言われますが、それが指すのは図の楕円で囲まれた部分になります。

グレーゾーンを想定する便利なところは、グレーよりも白に寄っている部分は「白」とみなし、グレーよりも黒に寄っている部分は「黒」とみなすという基準になる点です。なので、支える側の大人の都合で「グレーゾーン」を設定するのです。子どもの中にあるのは、子どものすること(doing)を大人の価値判断で序列化したグラデーションだけです。

◆being の多様性

では、「〝あり方〟(being)の多様性」とは何でしょうか。これは、「doing の多様性」と軸がまったく異なります。七三ページの図では、横軸を doing で縦軸を

beingで表しています。縦軸で見ると、「beingの多様性」はすべて同じ色になりますから、多様に見えません。その同じ色に見えるところが問題なのです。それが、私たち大人が、一人の子どもをbeing（あり方）によって見ていないから、見えない部分なのです。

白か黒しかないグラデーション状態で見れば、「グレー」の部分があります。けれども、じつは「beingの多様性」の方向に、私たちが白黒フィルターをかけてしまっているために見えないだけで、赤や黄、緑や青などの多彩な色がついているとしたらどうでしょうか。そうすると、同じ色に見える部分はひとつもありません。そして、もはや「グレーゾーン」は存在せず、むしろ「グレー」に相当する部分は、多彩な色のグラデーションが一番際立つ部分になるのです。つまり、「グレーゾーン」という恣意的に設定され、あいまいな部分こそが、一番色濃くその「らしさ」が表出される領域だと考えられます。

なので、先述した定義「その人のあり方(being)の多様性からくる〝すること〟(doing)の多様性」は、beingの多様性が際立つことで問題になってくるdoingの多様性と言えます。七三ページの図で楕円で囲まれた「グレーゾーン」は、「グレー」といっても一色ではありません。濃いグレー、薄いグレーと、さまざまな種類のグレーが含まれています。グレーの中に「色合い」を見つけることができるかどうかは、関わる側の〝心の目〟次第です。白黒フィルターかけると全部同じに見えてしまいます。

「色合い」とは、その子の「らしさ」です。その「らしさ（色合い）」を見るためには、私たちは白黒のフィルターを一回外す必要があるのです。

母親であるということ

人間にとって、「母親である」ということは特別なことです。

たしかに、父親だって特別ではありますが、母親の特別さにはどうしても太刀打ちできません。

小さな子どもの心と体の発達も、この特別さに支えられて可能になる部分が大きいのです（何しろ人間は、生後の約一年をほとんど自分で餌を獲得することもなく育つ、きわめて希《まれ》な哺乳類です）。

ただこの特別さ、時には負担にもなるでしょう。

どうして母親はすべてを知っていて、すべてをできなくてはならないのか、いつも慈愛深くいることなどできるのか——。

Column

そう考える母親も少なくないにちがいありません。

そう、すべての母親に母親的である力が平等に与えられているわけではないのです。当然ではないことを、当然のように求められると、人はとても苦しくなるか傷つきます。

だから、「お母さんなんだから、がんばってよ」という言葉は、温かい励ましであることもあれば、鋭く人を傷つける言葉であることもあるのです。

昔から、子育てをうまくこなせない母親は大勢いたと思うのですが、かつてはそういう母子を支える仕組みが、もっとうまく働いていたと思われます。

子どもは、大人たちが支え合う姿から、さらに多くのものを学ぶことができるのかもしれません。

四章　その子「らしさ」に目を向ける

その子「らしさ」を、私たち大人がどのように見ていくのか。

ここが、さまざまな子どもたちを見る見方の一番土台となる部分です。そうは言っても、現実的にはいろいろ困ったことが起こります。そういう困ったことをどう扱えばよいのでしょうか。

最近、発達障害の周辺群、つまりこれも発達障害なの？と思うような言葉が、いろいろ登場しています。その整理がつかない方も多くいることと思います。そういった問題も、発達障害を「being の多様性」、その人の「らしさ」の多様性ととらえるならば、考えを整理しやすくなります。つまり、そう考えるとみんな同じこと言っているよね、というふうに思えるのです。

発達障害の周辺群

◆大人の発達障害

たとえばその周辺群として、「大人の発達障害」といった問題があります。大人の発達障害とは、子どもの時代は何も言われていなかったけれど、大人になって仕事や家事の中でできないことがたくさんあり、病院に行ったら発達障害と診断された人のことを指します。

これはなぜかというと、子ども時代（自立するまで）と大人時代（自立してから）では課題が違うからです。その人に求められるものが違う。なのでそこで初めて、できないことが見えてくるのです。

学校時代は物事の順序とか、何をどういうふうにやっていくのかなどの手順は全部教えてもらえるし、ある程度の手助けがあるため、問題にならないけれども、仕事などすべて自分でしなければならなくなったとき、その人の段取りができない部分が際立ってきます。そうなると、仕事が手につかないとか、言われたことができないとか、家に帰ってもモノが片付かないなどといった問題が初めて見えてくるのです。

◆発達的マイノリティ／マジョリティ

それから「発達的マイノリティ」という言葉もあります。これに対する言葉が「発達的マジョリティー」。発達的な多数派・少数派という問題です。これは、東京大学の先生たちが使い始めた言葉です。

東大の中に「定型発達研究会」という研究室があります。たいてい発達障害ではない人たちが「発達障害とは何か」を研究しますが、この研究会では、発達障害の人が「普通」とは何かということを研究していて、大変ユニークなのです。

たとえば、話す時の声の大きさは場面・状況によって調整しますが、それを具体的に何を基準に調整するのか、普通の人というのはそれどうやって調整しているのかを、音声学者みたいな人呼んできて、発達障害の人とディスカッションさせるのです。「普通って何?」というその「普通」を研究する。

つまり考え方としては、今、発達障害の人が多くなっているなどと言われ、問題化しているのはなぜかというと、そういう発達をする人が「マイノリティ」だからです。そういう人が大勢だったら問題になりません。むしろ、「なぜ空気が読めるの?」「それはただの思い込みじゃない?」という考えが大多数になる状況がくるかもしれない。「大多数の意見＝普通」であるという考え方です。

これも考えてみれば、社会的に見た時の「being の多様性」の問題です。障害があるから「〇〇ができない」と考えるのではなくて、じつはいろいろなあり方(being)があって、それに苦しまなければ「障害」と呼ぶ必要はないのです(綾屋紗月編著他『ソーシャル・マジョリティ研究』金子書房、二〇一八年)。

◆「繊細さん」

最近、ＨＳＣ(Highly Sensitive Child)とか、ＨＳＰ(Highly Sensitive Person)という

言葉をよく耳にするようになりました。いわゆる「繊細さん」と呼ばれる、ものを敏感に感じ取る、感覚過敏な人たちのことです。この五年で急速に言われるようになってきています。

ついこの間も、私たちのクリニックに「ネットで調べたら、HSPにぴったりあてはまったのですが、診断してください」という人が来られました。じつはHSPは、どこの診断基準にも載ってはいません。そういう意味では、病気ではないので診断ができないですし、もちろん診断書も書けないのです。ただ、敏感な人たちは確かに存在しています。音とか匂いとか光とか、肌触りとか、味など、普通の人とかなり違う過敏な感覚を持っていて、そのために、今「普通」と言われている世の中のいろいろな刺激に耐えられないのです。

なぜこの「感覚過敏」が起こるのかは解明できておらず、まだ病気という認定にはなっていません。しかし、その「生きにくさ」の中には独特のニュアンスがあって、たとえば音に過敏な人がすべての音に過敏であるわけではありません。赤ちゃんの泣き声とか、大人の怒鳴り声とか、運動会のスターターピストルなどの突然の騒音など、どんなに気持ちの構えをしても苦手は苦手なものです。そこには多分に、心の問題とつながっている部分があるのです。苦手意識のようなものがあり、ある刺激が耐えられないというものも含まれています。

それからもう一つは、私が「刺激の選択性」と呼んでいるものがあります。たとえば、講演会などで集まって話を聞く際、会場の空調の音や、外の道路で騒音があっても、参加している人たちはほとんどそれを気にせずに、講演の内容に集中することができるわけです。それは、音を処理する私たちの頭に「選択性」が働いていて、聞きたい刺激だけを抽出しているからです。その処理が苦手だと、些細な音が耳障りで、いろいろなものが目障りで、集中すべきことに集中できず、うるさいと感じてしまいます。そういう子どもたちが実際にいます。

そういう選択性は心の働きなので、心がどのくらい落ち着いているか、物事に気持ちを定めて集中できるかにも、かなり関係してきます。つまり、単に知覚だけの問題ではないのです。そして、過敏さを持っている人たちは、大勢がいるところをどうしても避けてしまったり、ある人の発言の一部分に過剰に反応してしまったりと、人とのやり取りも大きく反映してきます。そういう意味で、発達障害の子どもたちと重なる部分が結構あるのです。

一般的な定義で発達障害に数えられる障害のあるものは、診断基準の中に「過敏性」を含んでいます。だから、HSCと言われる子どもたちの数をまとめて見てみると、やっぱり発達障害の子がいることは事実です。そういう意味では、HSCやHSPと発達障害は、まったく別ものとは言えません。周辺群の「感覚」の面で見た多様性の問題であり、「たしかに敏感な子もいるよね」と考えると、その子たちがすこし生きやすくなるし、そうなるように配慮をしやすくなります。

◆「ギフテッド」

それから「ギフテッド」（Gifted）という言葉。これも耳にしたことがあると思います。やはり発達のバランスの悪さを持った子どもで、IQが一三〇ぐらいと、飛び抜けて高い傾向があります。普通の勉強はする前から全部理解してしまうので、バカバカしくて学校に行く意味がわからず、それよりももっと違う楽しいことをやりたいと、他の子どもたちと同じことをやる意味を感じない。むしろ「なんでみんなは自分についてこられないんだろう？」などと思ってしまう子どもたちです。「発達凸凹《デコボコ》」という言い方を借りると、その発達の凸《デコ》の部分（飛び抜けている部分）が強い子どもと言うこともできますが、周りの人に合わせることが難しいという面で見ると、一緒の経験をすることに何かのサポートが必要な子どもたちであることがわかります。

その際のサポートとは、凹《ボコ》になっている部分――たとえば、字をうまく識別できない――に、何か能力的に補充するという意味のものではありません。その子がつまらないと感じる時に何をやっててていいか、また自分にとっても当たり前にある空間をうまく使うことができるか、そのサポートが必要になってきます。たとえば退屈な授業で、その子が他の子どもに勉強を教える役割をあげてみたりすると、その面での才能を発揮したり、先生をサポートしたりするということがあったりします。

脳や神経に由来する個人の特性の違いを多様性と捉えた「ニューロ・ダイバーシティ」という言い方もあります。脳や神経の発達は、じつは非常に多様であるにもかかわらず、教育現場では「一緒に生きる」ことを強く子どもに求めながら、波長を強引に合わせてきてしまいました。このように、強引に全員の波長を合わせてしまうやり方の中では、多様な子どもたちがそれぞれの得意なところを十分に発揮するチャンスがなくなってしまう恐れがあります。

だから今の時代、日本だけではありませんが、天才がなかなか生まれないのです。思う存分自分の才能、他のこと何もしなくてもいいから、ひたすら才能を磨き続けるような天才が、音楽の分野でも芸術の分野でも、そのほかの分野でも、おそらく今の時代ではなかなか現れないだろうと思います。

このように周辺群を整理してみると、その背景にあるのは発達や「らしさ」の多様性ということです。そこで、もともとの「発達障害」と言われる子どもたち——いろいろな意味で手がかかる、落ち着きがなかったり、勉強についていけなかったり、喧嘩が絶えなかったり、忘れ物が多かったりする子どもたち——に対する対応も、同じ土台の中で考える必要があるように思います。その土台になる考え方を、ここまで見てきたような、その子の「らしさ」がもつ多様性という視点から考えてきていきたいのです。

doing社会でbeingを考える

今私が考えていることは、「発達障害」という名前が取りざたされる理由についてです。その理由とは今の時代が、ある意味「doing社会」だからです。

doing社会とは、要するに人の価値はdoing（すること）で決まる。人を測る時に、基本的にその人のdoingで測る。七三ページの白黒のグラデーションが代表するように、基本的に私たちはひとりの人のdoingに物差しを当てて、どのくらいのレベルの人という言い方をします。これは、子どもたちにだけでなく、大人に対しても使っているわけです。有能な人とは、doingが優秀な人なのです。

そういう中で、doingで測られる社会についていけなくて困る人が生まれてきます。けれども私たちの社会はdoing社会なので、困っているというbeingを表現するための信号の出し方（doing）が周りを困らせてしまうのです。

だから、「発達障害」と言われながら、その症状で困り事は何かというと、doing（行動）の困り事なのです。教室でじっとしていない、余計なことを言ってしまう、忘れ物をしてしまう……すべてdoingなのです。その行動を修正しようとするとき、どうやったらパニックを起こさないか、どうやったらおしゃべりが止まるか、どうやったら忘れ物しないか、を考えることでしょう。しかしそこには、子どものbeing（あり方）の問題があります。doing（行動）には、〝なぜその行動をするのか〟という理由がかならず存在します。その理由はわからないことが多いのですが、ひとつ言えることは、その子自身が困っているということです。

その子が〝困っている〟という事実がdoing（行動）を生み、それによって周囲が困ってしまいます。なぜそんな問題行動を起こすのかわからないので、「この子は困ったことをする子どもです」とラベリングする。そうすると、その子は余計に困りますよね。自分が困って何かをすると、自分自身が（周りの人たちにとって）〝困った子ども〟にされてしまうからです。

まず、そのこと自体から修正していく必要があります。周りが眉をひそめるようなことを次々としでかす、それもわざとやっているとしか思えないような子と出会ったとき、それはその子自身がどうしていいかわからなくて困っているのかもしれないと、まず思うことが大事です。これはbeingにアプローチする最初の一歩になると思うのです。

もう一つは、タイミングの問題です。「できない」ではなくて、できるようになるタイミングが違うと考える。これは発達障害に特化した問題に対応するコツです。たとえば、ＡＳＤ（自閉スペクトラム症）と呼ばれる自閉傾向のある子たちは、人とのコミュニケーション、人に合わせる、人に興味を持つことがなかなか難しいと言われています。みんながやることに興味を持てず、ひとりで自分のやりたいことをやってるように見える。ほかの子どもたちと一緒に遊ぶことができず、共有体験を持つことが難しい子どもたちです。その子をＡＳＤと診断した時に、私たちはその診断名が一生ついて回ると考えます。ところが、その子と何年も付き合っていると、ある時期に「ほかの子って、こういう時にどうするんだろ？」「ぼくも友だちが欲しいな」と思うようになるのです。しかし、その時期がきていることを、周囲の人たちはだれも気づきません。

私が関わっている中に自閉傾向の子がいるのですが、その子はゲームが大好きで、小学五年生にしてITツールを使いこなしています。インターネットでゲームもやるし、動画も見るし、買い物もするし、と何でもやっていました。先日、そのお母さんから聞いた話です。お母さんが家事をしているとき、その子が画面に向かって何か言っているので耳をそばだててみると、「ぼくの友だちになってよ」と言っていたそうです。お母さんはそれを聞いて泣きそうになったと話してくれました。

それくらいの年齢になってようやく、自分には友だちがいないことが身に染みるのです。本来なら、その時に友だちになってくれる人がいたら、その子はきっと「みんなに合わせる」というハンディを感じなくてすむようになるはずなのです。ただ、もうその時期には周りはもう友だち関係を作っていますし、彼が友だちを持ちたいと思うようになったことに、そもそも気がつく人がいないのです。なので、そういうサポートを受けることが難しくなってしまいます。

診断名から「らしさ」を理解できるか

またどんな子も、いつまでも多動なわけではなく、徐々にエネルギーは減っていき、自分の衝動を抑えることに苦労しなくなる時期あります。けれども、「言うことをきかない子」「暴れん坊」というレッテルだけはずっとついてきます。そうすると、何かそのレッテルどおりにしないと申し訳ないような気がしてきて、そう振るまってしまうということが結構あります。

診断を受けると、「自分が暴れるのはＡＤＨＤ（注意欠如多動症）のせいなんだから、何が悪い」と言ったりする子が実際にいるわけです。だから、そういう子どもでもうまくいくようになるタイミングがあることを理解するのは、とても大事ですし、これまでの話からわかるように、診断名がつく・わかるだけではその子どもにとって何の助けにもなりません。つまり、診断名だけではその子自身を理解することにはならないのです。

よく私のところにも「診断名をつけてください」と子どもを連れて来られる親御さんがいます。その子どもとずっと関わっていくなかで、「先生、いつ子どもに診断名を伝えたらよいですか？」「先生から伝えてくれますか」などと言われますが、診断名を伝えられたところで、その子が幸せになるかどうかをまず考えてほしいのです。診断名を伝えることが、その子自身が「自分を変える」ことにつながるのかどうか、ということです。

たとえば、一つ診断名がついたとします。今の時代、ネットで診断名を調べればそれに関する情報がいくらでも出てきます。そこに記載されている行動パターンを実際にその子が全部やるかというと、そんなことはありません。そういう一連の行動のパターンの中で、たまたまいくつかが当てはまるというだけのことです。じつは、その中のある行動パターンをする、あることにこだわるというのは、その子「らしさ」でもあることの理解が、むしろ必要なのだと思います。

今の時代の発達障害対応とは、そもそも症状理解からして doing（行動）から入っているので、その対応が doing の修正を考えてしまいます。それが教育だったり養育だったり、治療だったり指導だったりすると考えがちなのです。自閉の子どもはこだわりを持っています。そうすると、こだわりをなくすところから入るわけです。「こだわり」があることで、その子は生きにくくなっているだろう、と。たとえば毎朝、電車が三本通過するのを見ないと先に進まないというこだわりを持つ子には、電車が三本通過しなくても先に進めるように矯正していくのです。

これは、ある意味で治療の doing 主義です。doing を修正することがその子の being（あり方）を修正すると考えるのですが、じつはそうではありません。なぜ電車が三本通過するのを見ると気持ちが安らいで先に進めるのかということを考えてあげないかぎり、その子の抱える問題に何も手をつけていないことと一緒です。むしろ、強制的に「今日は二本だけ見て、もう行くよ」と連れて行ってしまうことは、その子の being をとても傷つけている可能性があります。

doing（行動）の修正で子どもの being が傷つかないかどうか。これは、ほんとうに考えてもらえていない部分だと思うのです。being のことを考えずに doing を変えていこうとすることは、治療でも指導でもなく、支配でしかありません。

現代社会は（子どもたちにとって）どのように病んでいるか

現代社会の問題を、子どもの心の専門家の視点からお話ししましょう。

最近の子どもたちの心の問題の傾向を見ると、現代の姿を反映していると思われる特徴があります。それは、子どもたちが自分の心をコントロールする力を次第に弱めていることです。

その一部が事例として問題化するのであって、この傾向は子どもたちの多くに共通する問題です。この問題をもう少し深く考えると、そこにいくつかの要素があることがわかります。

一つは「待つこと」です。これは、自分の感情が走りはじめてしまうことを抑制する力を意味しています。

Column

二つ目は「従うこと」です。これは、自分をコントロールする原則を自分の中に作り出す力を意味しています。

もう一つは「思いやること」で、これは相手の立場になってものを考える力のことです。これらがうまく機能しないときに、子どもたちは自分の言動のコントロールを失うことになるのです。

これがどうして現代社会の問題なのかというと、大人たちが「待つこと」や「従うこと」や「思いやること」を、子どもたちにうまく教えられなくなっているからなのです。大人たち自身が、時を待つことや、従うべきルールを大切にすることや、他人のことを考えて生きることをしなくなっています。子どもたちはその姿をよく見ているのです。

子どもたちの問題行動は、大人社会への失望を表しているように思われます。

五章　心の育ちに寄り添うために

子どもたちのbeing（存在）を大切にすることを考える前に、being全般の低下によって何が引き起こされてしまうのかについて考えていきましょう。

beingの低下がもたらすもの

being全般が低下することによって回復の機能が損なわれると、心の循環運動そのものを維持することが難しくなります。次のページの図を思い出してください。どこか一か所が落ち込んでも、柔軟に循環していくことで回復できたとしても、

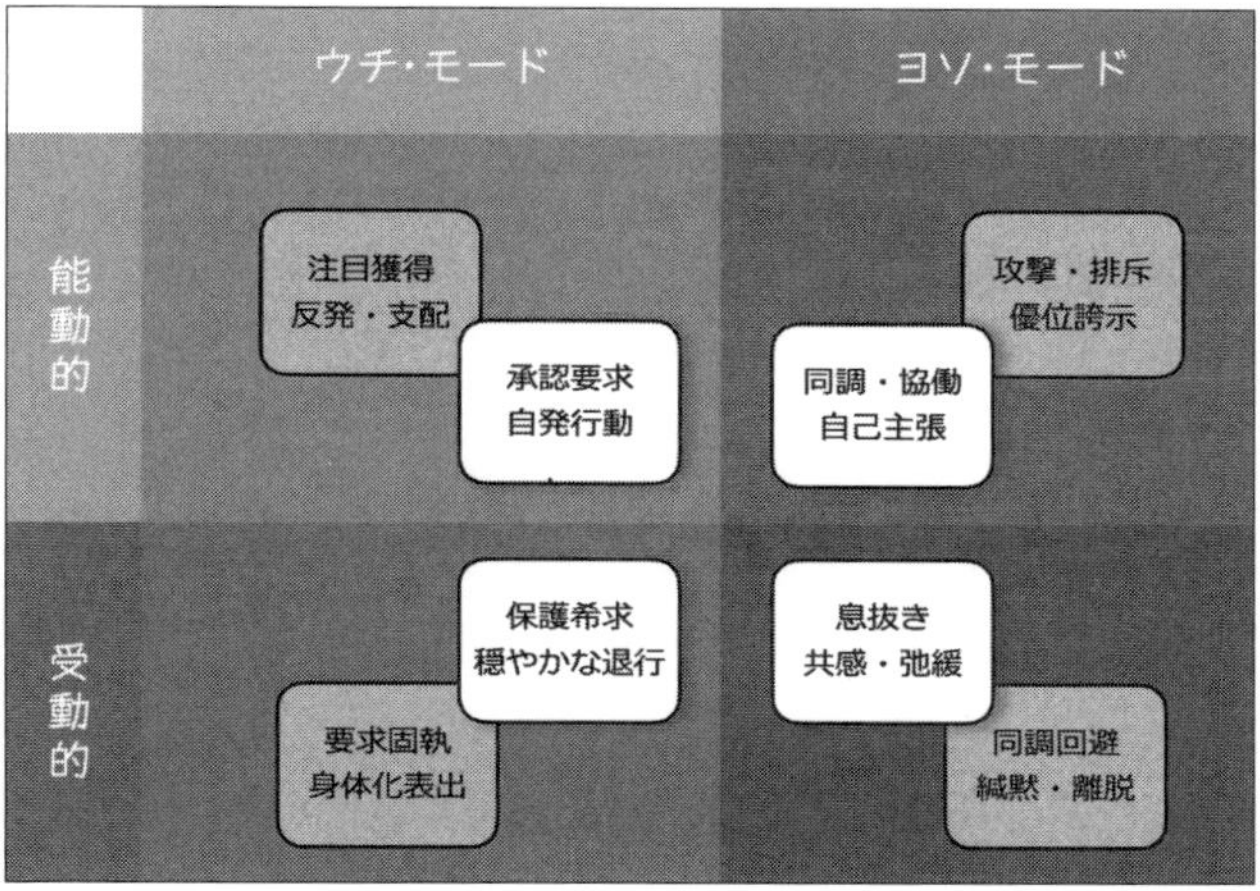

being の水準がウチ・ヨソのあらゆる場面でが低下してしまうと、その回復が難しくなります。そうなると、円環状の運動そのものが難しくなってしまうのでした。

そのような状態の時、子どもは集団（ヨソ）に向かっていくルートを見失い、家庭（ウチ）へと戻っていくルートを見失ってしまいます。つまり、学校に行けばみんないるし、みんな自分のことを認めてくれるというルートを見失い、家に戻ってもいいことないし、親は自分のことを理解してくれないし、という状態になるのです。

このように、循環する運動の柔軟性が失われることによって、子どもは自分も being を自由に発揮できる場を失うことになります。自由に being

が発揮できることで、子どもたちの being は上がっていきます。その場所を失う。これが現代の子どもたちの being が低下していく大きな要因になっているのだろうと、私は思います。

そのような場所を失うとき、子どもは自分の存在（being）そのものが、この世界にとって「大切なものではない」ことを感じるにちがいありません。家に帰っても、ヨソに行っても、自分の存在は大事にされていないわけです。そうすると、それが子どもにとっては世界の全体ですから、自分の存在はこの世界にとって大事なものではないと感じるのです。

あるいは、ある子どもは最終的に、私たちが作っている社会（共同世界）に能動的に関わること断念する。自立しようとする動きそのものを、やめてしまうかもしれません。「大きくなったら何になるの？」という質問に対し、「いいんだよ、どうせ何者にもなれないんだから」と答える子どもたちが、時々います。少しずつ世の中に出ていく、ということをあきらめる、投げてしまっている子どもたちなのだろうと思います。

子どもたちの「居場所」

「地域」というコミュニティには多くの人がいて、いろいろな子どもたちが暮らしています。多様な子どもたちを受け入れる時に、受け入れる私たち側にもさまざまな人がいるよね、と思えることは大事です。子どもたちの生活が地域にあるという意味では地域が居場所なのですが、私は居場所が子どもたちのbeingを支えるためには、いくつかの条件があるように思います。

◆「居場所」を失くす子どもたち

子どもたちの「居場所」のことを考える手掛かりとして、現代の子どもたちに「居場所がない」と言われることの意味を考えるところから始めてみたいと思います。そのほうが、現実の子どもたちの姿と重ね合わせて理解しやすいからです。

まず最も直接的な問題として、「いる」ことが許容される時間と空間が失われているということが考えられます。子どもたちの生活は「いなければいけないこと」や「しなければいけないこと」に制約されすぎていて、自分で選んで、自分のために「いる」ことや「する」ことが難しくなっています。

彼らはネットやゲームを気ままにやっているじゃないか、と思われるかもしれません。しかしそれが彼らの「居場所」なのかと問い返すと、疑問に思えます。それはどこまでいっても大人が仕組んだ仮想の場所であって、子どもたちが自分のために選んだ場所でも、それぞれの「らしさ」が存分に発揮できる行動でもないからです。まさに居場所をなくした子どもたちが、追い込まれた先にしか見えません。

何かをしていることでしか埋められない時間や空間は「居場所」にはなり得ないのです。つまり、そこには居心地の良し悪しという問題があるのです。居心地がよくなくては「居場所」とは呼べませんから。

子どもたちは、自分がいたいと思う場所にいる権利があると考えてもよいでしょう。その選び方には自ずとその子らしさが反映するわけなので、自分らしさ（自分の在り方）は保障されていることが問題になります。そして、もう一歩、この考え方を推し進めると、子どもたちにとって自分の存在（being）はその場に必要とされているかという問題があります。つまり、自分が特別な存在として歓迎されていると感じられることです。ほんとうに自分らしい人は自分しかいないからです。

こうした意味での「居場所」が、現代の子どもたちにとって見つけにくくなっていることは明らかで、そのことが子どもたちの「居場所がない」と感じることのほんとうの意味なのだろうと、私は考えています。つまりbeing（自分らしいこと）を大切に扱う、別の言い方をすれば、自分らしさに磨きをかける場所こそが「居場所」なのだといえるかもしれません。

そのことを踏まえたうえで、それでは子どもたちの「居場所」とは何かを考えていきたいと思います。

居場所の条件

子どもたちにとっての居場所とは、自分らしさに磨きをかける場所、つまり「自分らしさ」を発揮できる場所であると述べました。

そして、「居場所がある」とは、子どもたちが自分らしさを発揮できる場所を、自分で選ぶことができるということなのです。子どもは、そのコミュニティを自分の「居場所」と思えないかぎり、そこで成長することができません。

私は、子どもが自分の居場所と思えるためには三つの条件があると思ってます。

・自分らしさを発揮できる場所を自分で選べること。
・自分を大切にしてくれる人（自分が大切だと思う人・自分のことを大切だと思ってくれる人）と出会える。
・〈ウチ・モード〉と〈ヨソ・モード〉がバランスを失わずに発達できる。

◆自分らしさを発揮できる場所を自分で選べる

ひとつめの、「自分らしさを発揮できる場所を自分で選べる」とは、学校のように、行かなければならないから行く場所ではないということです。自分が行きたいと思わなければ、行き続けることのない場所です。それは、自分らしさを発揮することが許容される場所です。

学校などでは十分に自分らしさを発揮できずに、「自分のほんとうに良い部分はこれじゃない」と思っている子どもが、学校以外のコミュニティ――児童館、学童クラブ、塾、習い事など――に行った時に羽を伸ばせたり、自分らしさを発揮できたりしたら、またその場所に行きたいと思えるのです。

もちろん、学校はその子の居場所になり得ないという意味ではありません。学校が大好きで、自分らしさを存分に発揮している子もいるわけで、その子にとっては学校が居場所です。でも、すべての子にとってそうであるとはかぎらない、ということです。

◆自分を大切にしてくれる人との出会い

そして、その自分らしさを発揮できる場所を自分で選ぶことができたとき、もっと大事なことは、その場所で自分らしさを大事にしてくれる人と出会えるかということです。これが条件のふたつめになります。

「きみのそういうところ、いいところだよね」と言ってくれる人と出会えると、自分自身が大事だと思えるようになります。これは、じつは居場所の機能としては、とても大きな意味があるところです。

このことは、自立前の子どもたちにとってbeingの水準を維持するためには、それを大切にしてくれる「だれか」と出会うことを絶対的に必要としているという事実と深く関係しています。

◆〈ウチ・モード〉と〈ヨソ・モード〉がバランスを失わずに発達できる

さらに、子どもがコミュニティ（「ヨソ」世界）を経験するのは、実際にいろいろな方法があります。最近で言えば、オンライン上でゲームのコミュニティを通じて人と接することもそうです。今の子どもたちはむしろ、その経験のほうが多いと思います。自分らしさを発揮でき、そこに行きたいと思えるという意味では、ネットのコミュニティのほうが強いかもしれません。

しかし、はたしてそこで「人」と出会えるかどうか。確かにネット上でのコミュニケーションを通じて、人と出会いはしますが、それが人が成長するための直接的なやり取りができるのか、また成長を促してくれるような人との出会いがそこで起こっているのでしょうか。

心を成長させる直接的な人とのやり取り。それがないと、子どもたちがいくらコミュニケーションを積み重ねても、自立にはつながりません。そこは大事なところです。自立につながるためには、〈ウチ・モード〉と〈ヨソ・モード〉がバランスを失わずに発達できるという条件が必要です。その二つのモードの間の行き来を、子どもたちが経験することができれば、「居場所」が与えられたことになると思います。

「自分らしさ」と出会い直す

最終的には、子どもが「自分らしい」とは良いことであると思えるようになる。

言い換えると、「自分らしい」ことの良さに、もう一回出会い直すということです。

産まれてすぐの子どもは、「自分らしく」しかあり得ないため、良いも悪いもありませんが、成長するにつれてさまざまなことを経験する中で、「自分はダメだ」とどこかで思うわけです。特にdoingに焦点を当てられると、しつけもそうですし、ルールに従うこともそうですが、「やってはいけない」「そのままではダメ」ということが多くなります。そうすると、だんだん自分らしく振る舞えなくなってくる。それを、もう一回「自分らしい」ことは良いことであり、「自分らしさ」を出してもよいと思える場所が、居場所の大事な条件になります。

それは、大人でも同じです。「自分らしさ」を取り戻す場所がないと、毎日の連続はしんどいものになります。最近では「サード・プレイス」(第三の場所)ということが言われていますが、家でも職場でもない少し息抜きをする場所、自分を取り戻す場所を指しています。けれども、子どもたちには、その場所があるだけでは十分ではなくて、先述したように、その場所で「自分らしさ」を大切にしてくれる人と出会う必要があるのです。自分のことを大事にしてくれる人がそこにいる。これが、子どもたちにとって居場所の条件になります。

このような意味での居場所を、私たちは子どもたちに提供できているかを考えてみる必要がありそうです。本来は絶対的な居場所であるはずの家庭でさえ、子どもにとっての居場所ではなくなってしまう可能性があります。逆にどんな場所でも、子どもにとっては居場所になりうる可能性があります。

居場所は、なんとなくそこにあるものではなく、子どもたちと共につくっていくものなのです。問題は、子どもたちに居場所を提供しようという意思が、私たちにあるかどうかです。私たちは、子どもたちにとってどのような存在になれるのかという問いに、答えを出していかなくてはならないのです。

子どもたちにとって、どのような存在になれるのか

自立に困難のある子どもたちの発達の支えとなれるために必要なことを、最後に考えたいと思います。私たち大人がどういう受け止め手、寄り添い手になれば、子

どもたちが集団や、さらにその先の社会に向かっていくこと（自立）の難しさを支えていけるのでしょうか。

まず、子どもたちの〝being の傷つき〟ということに敏感にならなければいけません。私たち大人は、そのあたりのことに非常に鈍感になっています。なぜなら、私たち自身が doing 社会にどっぷりと浸かっているからです。そして、子どもたちを doing で見ることに慣れきってしまっています。それは、支え手としての自分の being の問題です。

自分自身を大事にすることを知っていたり、自分がどう回復していくのかを知っていたりする。そういう意味で、自分が自立をしていないと、子どもたちの支えになることができません。子どもたちの being を支えるために、まず自分の being を支えないといけない。先述したように、being は継承されていくものだからです。

子どもたちにとって、どのような存在になれるのか――これは大変に難しい問いですが、まずは今、目の前にいるひとりの子どもにとって、自分がいるということの意味はなんだろう、それを徹底して考えるところからはじめてみてはどうでしょう。そこから見えてくるものが、かならずあるはずです。

私がクリニックをやりながらつねに思っているのは、クリニックもひとつの「村」みたいなものだということです。いつもの場所とは違う、時々遊びに来たり、泊まりに来たりする場所。これがクリニックの象徴的な意味合いだと思っています。そこで「自分らしさ」を認めてもらえる場所であること。これが、自分のやっているクリニックの役割だと思っています。

子どもたちが安心して「自分らしさ」を発揮できるような場になれるのか。生きにくさを抱えた親子が、ここならわかってもらえると思えるような「村」になり得ているのか。このことを、共同体として考えていく必要があるのではと思うのです。

そして、共同体を作るうえで、同じ理想を持つことができる、同じ方向を向けることが大切になります。キリスト教の教理では、「教会」という共同体はイエス・キリストを頭《かしら》にする一つの体と考えています。共同体を体と考えたとき、その頭《かしら》に何を据えるのか。頭が向いた方向に、共同体全体が向いてはじめて、安心して身を寄せることのできる「村」が形成されていくのではないかと思います。

子どもは大切にされているか

日本の子どもたちは大切にされているでしょうか。

戦争も飢餓もなく、教育も医療も保障されていて、人身売買や殺人がとても少ないという意味では、悲惨な状況に置かれているわけではないと言えるのかもしれません。

しかしそのことと、現代の日本の子どもたちは幸せなのかということは、別のことのようにも思えます。

子どもが子どもらしく生きられることが、子どもの権利であると考えられるようになったのは、ごく最近のことです。そしてこの観点からは、日本という国は世界的にたくさんの注文をつけられています。いじめや体罰に力強い対策

Column

がとられていないことがまず思い浮かびますが、それはほんの一部です。

たとえば、お金を持たされた子どもたちは、それを巻き上げようとする大人たちの対象になっています。ネットなどを通じて、子どもたちには処理しきれない、しかも適切とは言えない刺激にさらされるがままになっています。本人の特性とは関係なしに、学力ばかりが求められています。子どものこころを育てるために、大人たちががんばるということが、あまりされていないと言われても仕方がないかもしれません。

十年以上前ですが、私は米国を視察旅行中、何か所かで「チルドレン・ファースト」というポスターを見かけました。今の米国の子どもたちが幸せかどうかはわかりませんが、社会ぐるみで子どもたちは大切なものだと思い合うこと、これはすぐにでも手をつけるべきことなのではないでしょうか。

おわりに

ちょうどこの本の骨組みになった一連の講演をしていた時期に、ケア付きホームに入居中だった母親が天に召されました。九十三歳でした。

かねてからこの地上の歩みに思い残すことは何もないと言い、一切の延命的な医療はしないでほしいと言い続けていた母でしたので、危篤を知らされてからというもの、妹・弟と私・家内との四人で、わが家に泊まり込み、交代で看取りをしていくことにしました。そしてその生活は、おおかたの予想をはるかに超えて、二週間ほど続いたのです。この間は、休める仕事はほとんどお休みにしての全くの非日常でしたが、身内からも、職場からも苦情一つ出ることはなく、じつに多くの発見を

経験した日々になりました。

何よりも大きかったのは、平素はあまり接点のない私たちきょうだいが、これほど近い関係の中で、一つのことに向かった経験はかつてなかったかもしれない、ということです。

そしてじっさいに母が亡くなり、母親が通っていた、そして私たちきょうだいも幼い日を過ごした教会で葬儀をすることになりました。一族のほぼ全員が（母の九十歳の誕生祝いの時以来のことでした）、ルーツにあたる教会に大集合し、母と日常を共にした人々と故人を弔《とむら》ったのです。

このような日々の中で、強く思ったのは、人がこころ安んじて世を去って行けるためには、コミュニティ（共同体）が必要なのだということでした。

私の中ではちょうど本書の中にも書いたように、人は家族の間にのみでなく、その家族が属しているコミュニティに生まれるのだと考えていたところでした。この考えは、先の体験とぴたりと重ね合わせられました。つまり、人が平安にこの地上を歩むために必要なのは、誕生を心から祝ってくれるコミュニティと、亡くなった時に心から弔ってくれるコミュニティを持っていることだ、ということです。

さらにその意味を考えると、誕生を祝うとは、その日を境に「あなた」がこのコミュニティに存在するようになったことを確認することであり、弔うとはその日を境にコミュニティは「あなた」という存在なしでやっていくことを確認しているのだろうと思います。

どちらも、ひとりの人が生きることを人々が「引き受ける」ことであり、逆に、人が生きるというのは、生まれてきたことも、なくなった後のことも、引き受けてもらうということなのです。

人の一生とは、誕生日から葬儀の日までの短い期間のことです。しかし、その間にしか、自分を引き受けてくれるコミュニティと生きた関わりを持つ機会はないのです。その機会をどのように使おうとするのかが、その人のいること・生きること（本書のことばで言えばbeing）の質に少なからず影響することになるでしょう。

人は一生の間、いろいろな出来事に遭遇しますが、ひとりでできることというのは、ほとんどありません。だれかの力を借り、だれかに引き受けてもらいながら、自分であり続けているわけです。

それは決して自分でできることを放棄した生き方ではありません。自分もまた、だれかの・何らかの生きる課題を引き受けて生きているからです。

皆さんが手にしておられるこの本にしても、私が書いたとはじつは名ばかり、このような形で皆さんの手に渡るまでには、じつに多くの人たちの手を借りています。この文脈をお借りして、心からのお礼を申し上げさせていただきます。

二〇二四年　秋

田中　哲

著者

田中　哲（たなか・さとし）

1953年、東京都生まれ。

北海道大学医学部卒業後、同大学医学部精神科に入局。1983年、市立札幌病院静療院児童部を中心に児童精神科医としての活動を開始。

北小田原病院副院長、神奈川県中央児童相談所虐待対策班嘱託医、山梨県中央児童相談所嘱託医、東京都立梅ヶ丘病院精神科部長、同病院副院長、東京都立小児総合医療センター副院長・子ども家族支援部門長を経て、現在、子どもと家族のメンタルクリニックやまねこ院長。

日本児童青年精神医学会理事、日本子どもの虐待防止研究会評議員。

著書には『見えますか、子どもの心』『発達障害とその子「らしさ」』『“育つ”こと、“育てる”こと』（以上、いのちのことば社）、監修に『発達障害のある子を理解して育てる本』『自閉症スペクトラムのある子を理解して育てる本』（以上、学研プラス）などがある。

コミュニティで支える“心の育ち”

being《存在》を大切にするということ

2024年12月25日　発行

著　者　田中　哲

装　丁　光後民子

印刷製本　モリモト印刷株式会社

発　行　いのちのことば社 フォレストブックス

〒164-0001 東京都中野区中野2-1-5
電話 03-5341-6924（編集）
03-5341-6920（営業）
FAX03-5341-6921
e-mail:support@wlpm.or.jp
http://www.wlpm.or.jp/

ISBN 978-4-264-04533-5